世界名人非常之路

SHI JIE MING REN
FEI CHANG ZHI LU

培 根

从贵族到唯物主义者

李若虹◎编著

中国社会出版社
国家一级出版社★全国百佳图书出版单位

《世界名人非常之路》编委会

写在前面的话

著名学者培根说："用伟大人物的事迹激励我们每个人，远胜于一切教育。"

的确，崇拜伟人、模仿英雄是每个人的天性，人们天生就是伟人的追星族。我们每个人在追星的过程中，带着崇敬与激情沿着伟人的成长轨迹，陶冶心灵，胸中便会油然升腾起一股发自心底的潜力，一股奋起追求的冲动，去寻找人生的标杆。那种潜移默化的无形力量，会激励我们向往崇高的人生境界，获得人生的成功。

浩浩历史千百载，滚滚红尘万古名。在我们人类历史发展的进程中，涌现出了许多可歌可泣、光芒万丈的人间精英。他们用挥毫的笔、超人的智慧、卓越的才能书写着世界历史，描绘着美好的未来，不断创造着人类历史的崭新篇章，不断推动着人类文明的进步和发展，为我们留下了许多宝贵的精神财富和物质财富。

这些伟大的人物，是人间的英杰，是我们人类的骄傲和自豪。我们不能忘记他们在那历史巅峰发出的洪亮的声音，应该让他们永垂青史，英名长存，永远纪念他们的丰功伟绩，永远作为我们的楷模，以使我们未来的时代拥有更多的出类拔萃者，以便开创和编织更加绚丽多姿的人间美景。

我们在追寻伟人的成长历程中会发现，虽然每一位人物的成长背景各不相同，但他们在一生中所表现出的辛勤奋斗和顽强拼搏精神，则是殊途同归的。这正如爱默生所说："伟大人物最明显的标志，就是他们拥有坚强的意志，不管环境怎样变化，他们的初衷与希望永远不会有丝毫的改变，他们永远会克服一切障碍，达到他们期望的目的。"同时，爱默生又说："所有伟大人物都是从艰苦中脱颖而出的。"

伟大人物的成长也具有其平凡性，关键是他们在做好思想准备进行人生不懈追求的过程中，从日常司空见惯的普通小事上，迸发出了生命的火花，化渺小为伟大，化平凡为神奇，

获得灵感和启发，从而获得伟大的精神力量，去争取伟大成功的。这恰恰是我们每个人都要学习的地方。

正如学者吉田兼好所说："天下所有的伟大人物，起初都很幼稚而有严重缺点的，但他们遵守规则，重视规律，不自以为是，因此才成为一代名家，成为人们崇敬的偶像。"

为此，我们特别推出《世界名人非常之路》丛书，精选荟萃了古今中外各行各业具有代表性的名人，其中包括政治领袖、将帅英雄、思想大家、科学巨子、文坛泰斗、艺术巨匠、体坛健儿、企业精英、探险英雄、平凡伟人等，主要以他们的成长历程和人生发展为线索，尽量避免冗长的说教性叙述，而采用日常生活中富于启发性的小故事来传达他们成功的道理，尤其着重表现他们所处时代的生活特征和他们建功立业的艰难过程，以便使读者产生思想共鸣和受到启迪。

为了让读者很好地把握和学习这些名人，我们还增设了人物简介、经典故事、人物年谱和名人名言等相关内容，使本套丛书更具可读性、指向性和知识性。

为了更加形象地表现名人的发展历程，我们还根据人物的成长线索，适当配图，使之图文并茂，形式新颖，设计精美，非常适合读者阅读和收藏。

我们在编撰本套丛书时，为了体现内容的系统性和资料的翔实性，参考和借鉴了国内外的大量资料和许多版本，在此向所有辛勤付出的人们表示衷心谢意。但仍难免出现挂一漏万或错误疏忽，恳请读者批评指正，以利于我们修正。我们相信广大读者通过阅读这些世界名人的成长与成功故事，领略他们的人生追求与思想力量，一定会受到多方面的启迪和教益，进而更好地把握自我成长的关键，直至开创自己的成功人生！

人物简介

❧ 名人简介 ❧

弗朗西斯·培根（Francis Bacon，1561～1626），出生于英国伦敦的一个官宦之家。良好的家庭教育使培根成熟较早，各方面都表现出异乎寻常的才智。13岁时，培根被送入剑桥大学三一学院深造。

在剑桥大学学习3年后，培根作为英国驻法大使埃米阿斯·鲍莱爵士的随员来到法国。在此期间，培根汲取了许多新的思想，对他世界观的形成起到了很大作用。

1579年，培根的父亲突然病逝，致使培根的生活开始陷入贫困。回国后，培根在葛莱法学院攻读法律。1582年，培根取得律师资格证，1584年当选为国会议员，1589年成为法院出缺后的书记。

培根一生在学问上成就很大，但作为政客他却饱尝了仕途的艰辛。自做英国女王掌玺大臣的父亲去世后，培根一直未得到女王的重用。直至詹姆士一世当政，他才逐渐得到升迁，先后担任过法院院长、检察长、掌玺大臣等，还被封为男爵、子爵等贵族尊号。然而，后因被国会指控贪污受贿，培根又被免除了一切官职。

成为平民之后，培根将全部的精力投入到学问研究中，他最终成为中世纪英国著名的唯物主义哲学创始者。1626年4月，培根离开了人世。

❧ 成就与贡献 ❧

弗朗西斯·培根竭力倡导"读史使人明智，读诗使人灵秀，数学使人周密，科学使人深刻，伦理学使人庄重，逻辑修辞使人善辩"。

他推崇科学，发展科学的进步思想和崇尚知识的进步口号，一直推动着社会的进步，是一位一生追求真理的思想家。

培根重视感觉经验和归纳逻辑在认识过程中的作用，开创了以经验为手段、研究感性自然的经验哲学的新时代，对近代科学的建立起了积极的推动作用，对人类哲学史、科学史都做出了重大的历史贡献。为此，有人尊称培根为"给科学研究程序进行逻辑组织化的先驱"。

地位与影响

在历史上，弗朗西斯·培根作为一名科学哲学家，所做出的贡献是不可忽视的。他是以新唯物主义哲学指导科学发展的主要代表人物，是最早认识到科学的历史意义以及它在人类生活中的重要地位的哲学家。

马克思曾赞誉他为"英国唯物主义和整个实验科学的真正始祖"。

培根在逻辑学、美学、教育学方面也提出了许多思想，著有《新工具》、《论说文集》等，后者收入 58 篇随笔，从各个角度论述广泛的人生问题，精妙又有哲理，拥有广泛的读者。

目录

培　根

用知识改进社会

引领时代的潮流

附　录

童年的求知欲望

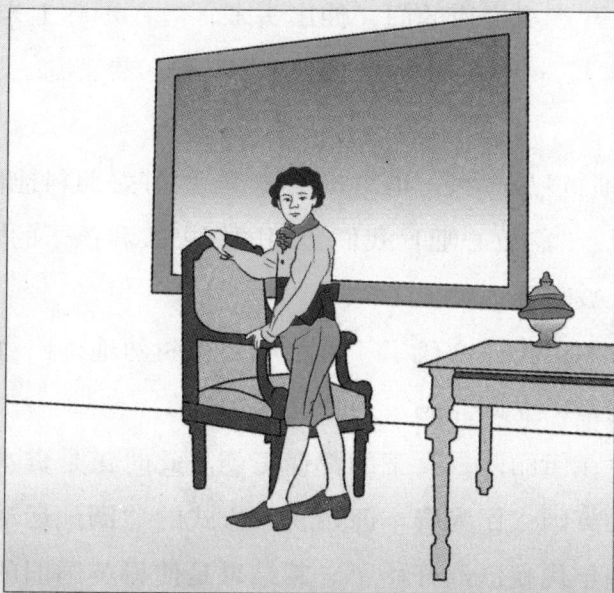

　　读史使人明智，读诗使人灵秀，数学使人周密，科学使人深刻，伦理学使人庄重，逻辑修辞使人善辩。凡有所学，皆成性格。

—— 培　根

出身于显赫的官宦之家

1561 年 1 月 22 日，在英国伦敦市斯特朗大街，泰晤士河边的约克大院内，随着一声清脆的啼哭，一个男婴诞生了，他就是后来的英国哲学家、思想家、作家和科学家的弗朗西斯·培根。

接生婆拉开产房虚掩的门，伸出头来，对在走廊上来回踱步的孩子的父亲尼古拉·培根轻轻地说："老爷，恭喜您，又添了一位公子。"

尼古拉听后很是高兴，他对接生婆说："好好照料他们母子。"

接生婆说："您放心吧！我们会照顾好夫人和孩子的。"说完便缩回头，房门又被轻轻地关上了。

尼古拉对家丁仆役交代了一番之后，就匆匆地外出办公了。在宽敞的约克大院里，立即充满了一片喜庆的气氛。

婴儿出生在伊丽莎白女王的都铎王朝。此时正是资本主义迅速发展的时期。在英国，作为资本原始积累方式的"圈地运动"，在 16 世纪较早的一些年代就已经开始了。其结果是使得英国旧的封建土地所有制瓦解，资产阶级土地所有制建立起来，个体农民的小规模耕种发展到大规模的畜牧业和大规模的种植业，大大促进了农业的资本主义化。对殖民地的海盗式血腥掠夺，是英国资本主义原始积累的另一个主要方式。

在伊丽莎白女王统治的 45 年里，英国在对西班牙的殖民地及船只的袭击中，获利竟达 1200 万英镑之巨。英国的海盗活动对其资本主义的发展可谓是立下了"汗马功劳"。

16 世纪中叶，英国享有专卖权的特许贸易公司也相继成立了。

通过这些公司，英国又从殖民地人民身上榨取了亿万财富。随着资本原始积累的增加，资本主义的革命发展，一些中小贵族从封建贵族营垒中分化出来，成为资产阶级的新贵族。这些新贵族的一部分是从国王手中获得没收封建贵族土地的高官显贵；一部分是经营牧场、农场，从封建地租剥削转化为雇佣劳动剥削的中、小地主。在反对封建的斗争中，新贵族成为资产阶级的同盟军。新贵族与资产阶级为了各自的利益和发展，都依靠和支持王权。

都铎王朝与资产阶级、新贵族的联盟，加强了王权，促进了这一时期君主专制制度的稳固，并创造了发展资本主义经济的良好前提。但资本毕竟是充满着血腥得到的，它以最残忍的手段对民众进行奴役、劫掠、杀戮，因而这个时期到处都充斥着背信弃义、贿赂、残杀等卑鄙行为。

正如托马斯所说：

> 那是个恶作剧的年代，快活的、搬弄是非的年代，它导致了邪恶及恶意的优雅，在美好中实现欺骗，在玫瑰的芬芳中隐藏毒药，在高雅的耳语里谈论谋反，用海盗船的皮带包围世界。
>
> 那个年代充满了不道德的阴谋诡计，它就像烤熟的蟹肉一样存在于历史的长舌妇的餐桌上。

时代的特性，必然会在培根成长过程中的个人品性及道德哲学上有着某些反映。而资产阶级与王权的长期联盟，也会给其政治哲学增添某些贵族的保守性质的印痕。

培根的祖先没有根深蒂固的贵族头衔，到他祖父这一辈，也还仅仅是博莱·圣·爱德蒙斯大寺院的僧侣管家，社会地位并不是很高。由于培根祖父的关系，培根的父亲尼古拉·培根得以俗家的出身，进入英国剑桥大学学习。在大学里，尼古拉·培根刻苦攻读法律，毕业后，他开始涉足政界。

尼古拉·培根是靠着自己的努力步入仕途的，在亨利八世时，他才被册封为勋爵。女王伊丽莎白即位后不久，尼古拉·培根就被任命为"掌玺大臣"。

尼古拉一上任，就致力于打击欧洲天主教势力，积极推行各项改革，在政治、经济、宗教等各个方面都建立了新的工作秩序，深得伊丽莎白女王的赏识。

1559 年，尼古拉刚刚 50 岁，就升任为权倾一时的英国大法官，成为女王麾下十分得力的大臣。

宗教改革使得大批寺院遭到封闭，寺院的土地大部分分送给了国王的宠臣。尼古拉·培根也购买了爱德蒙斯大寺院所属的几处庄园。

尼古拉的志向非常大，他希望自己的儿子们个个出类拔萃，不仅能保住他们这个家族的地位，而且还能够让"培根"这个姓氏更加光辉灿烂。

英国诗人、历史学家、评论家及政治家麦考莱，曾对尼古拉·培根作出这样的评价："儿子巨大的声望遮住了父亲的名望。但是，尼古拉·培根勋爵绝非凡夫俗子。"

这本来是可以预料到的事情：天才就如一座巅峰，是由一个家族的才智堆垒而成的，而其后代的才智又复归平庸。尼古拉·培根作为一个新贵族，他的许多"新"思想对小儿子弗朗西斯·培根产生了深刻的影响。

得到父母的悉心培育

尼古拉·培根的第一任妻子，共生了 6 个孩子。他聘请了著名教育家库克爵士很有学问的女儿安妮到家里，帮助病中的妻子珍妮打理家务，照顾几个孩子。

安妮的父亲库克爵士，曾是伊丽莎白的哥哥爱德华王子的家庭教师，他以学问渊博著称。

安妮姐妹 3 个，她的一位姐姐嫁给了财政大臣兼国务秘书威廉·塞西尔·博莱伯爵。塞西尔也是伊丽莎白女王非常倚重的大臣之一。塞西尔的儿子罗伯特·塞西尔，在父亲去世后，继承了他的职位和权力。

在小爱德华王子上课时，伊丽莎白公主和小安妮也常常陪着一起听课。安妮身上充满着一种活力，她既活泼，又很自信。安妮从小就得到父母的宠爱，接受了良好的家庭教育。

她对自己在尼古拉·培根家的这份工作非常喜欢，一天到晚十分忙碌。珍妮·培根没有多久就过世了，留下安妮一个人打理培根一家的事务。后来，尼古拉爵士了解到安妮对自己非常有好感，于是就向安妮求婚了。

安妮当时很年轻，但是她还是非常乐意担当培根家庭的女主人。安妮在嫁给尼古拉·培根之后，相夫教子，是当时伦敦上层社会出了名的贤惠妻子。安妮不仅要带好尼古拉前妻生的 6 个孩子，还要带自己生的两个孩子，经常累得疲惫不堪，但是她心里却很高兴。

由于尼古拉家庭良好的传统和安妮自幼接受的文化教养，两个人很是恩爱。尼古拉身体欠佳，有一次患病长期卧床不起，但在安妮的精心护理下，很快就恢复了健康。

尼古拉怀着感激的心情，给爱妻写了一首长诗：

> 最亲爱的妻子，我心中想起，
> 你怎样在多次忧患里，
> 用明智的言辞，愉快的风度，
> 使我那沮丧的面容变得欢悦。
> 还记得，你曾用多大的巧思，
> 为我读那悦人的名著，
> 就此缩短了那时间的空闲。
> 我每天都亲眼看到，
> 在我长期的重病中，
> 你如何照料我的身心，
> 费尽心血使我恢复健康；
> 我必须凭良心说，
> 你的确尽到了贤妻的责任。

从尼古拉写的这首抒情长诗里，可以看出他们夫妻间的深厚感情和家庭的文化氛围。尼古拉平时爱读文学名著，在闲暇的时候，夫妻俩还常常讨论一些文化艺术方面的问题。

在培根家高兰伯里别墅的餐厅里，壁炉的上方挂着一幅油画，画的是谷类女神席利斯教导人类播种五谷的情景。

油画旁的题词是"教育造成进步"。从这幅画和题词中，就可以看出尼古拉夫妇在教育孩子方面是多么的重视，就连房间布置都动了一番心思。

极富好奇心的小培根在吃饭时，常常盯着这幅画出神。

有一次，培根看着餐桌上丰盛的食物，就问妈妈："席利斯女神在没有教人学会种植五谷之前，人们都吃什么呢？"

妈妈说："只能吃野生的果子。"

"噢！原来是这样。"在得到妈妈的解答后，培根才拿起刀叉开始吃饭。

借吃饭的机会，母亲向培根讲述了这幅油画的深刻含义。待培根年龄稍大一点儿时，妈妈指着这幅画又进一步告诉他："学会种植五谷，是人类发展史上的一次伟大发明。这个发明使人类物质生活发生了第一次飞跃。"

在父亲的影响下，弗朗西斯·培根在有生之年始终热情地倡导科学，认为发明创造给人类带来了巨大的利益。

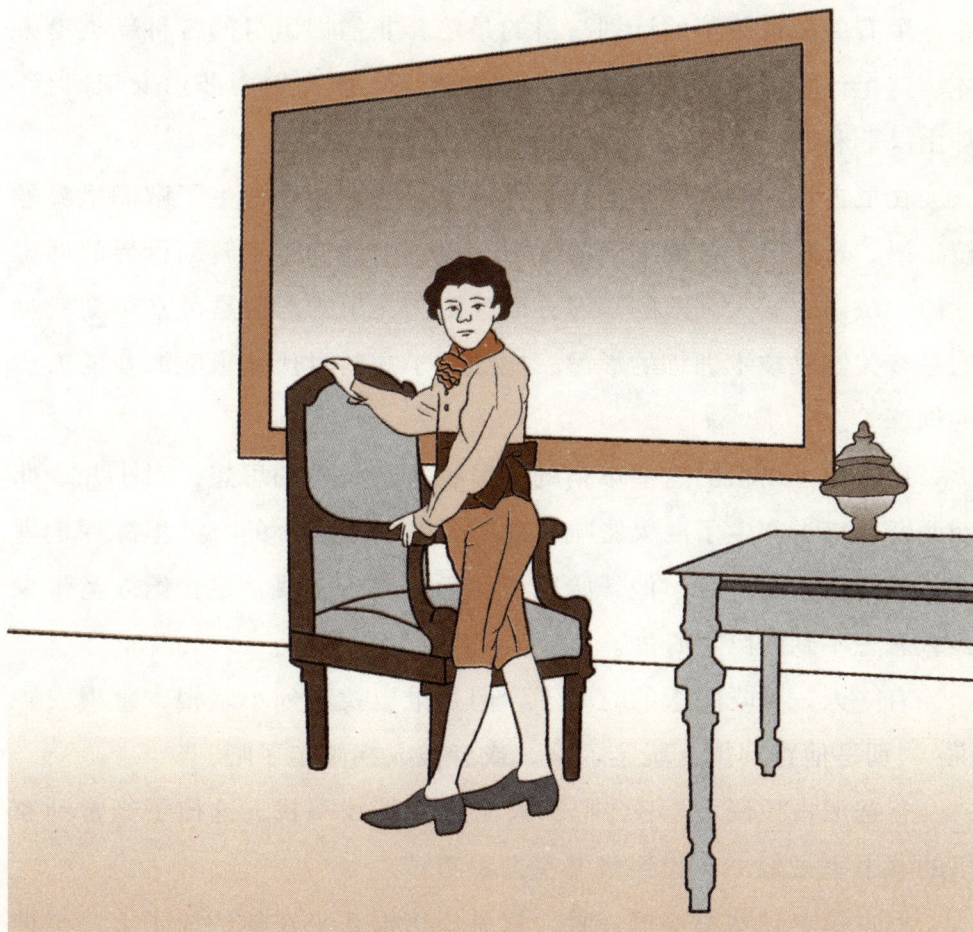

在培根的著作《新工具》中，有几行这样的诗句：

伟大的雅典在久远以前，

对弱的人类首先给予了种子，

从这些种子才出生了摇曳的谷物，

于是就重新创造了我们这地上的生活。

这几句诗表述了农耕的发明，对于人类物质文明具有第一次革命的意义。

据说，尼古拉·培根在宗教改革之后，曾被英王亨利八世委派起草一个有关教育改革的计划，目的是培养非僧侣出身的各种新类型人才。这个计划后来虽然被亨利八世搁置了，但在伊丽莎白女王时代，却由汉菲利在1570年作为伦敦大学的计划实现了。

在尼古拉·培根起草的这个计划里，既有帮助学生了解旧世界的拉丁语、希腊语、希伯来语的学习，也有帮助学生了解新世界的西班牙语、法语、意大利语的学习；而且更为突出的，也是最富革新精神的是有关实践技术训练的学习，比如适于在新时代从事航海业的人员的训练等。

尼古拉·培根的这些革新的、重视实践技术的思想，对小儿子弗朗西斯·培根产生了巨大影响！此时，在培根幼小的心灵里深深地埋下了热爱科学的种子，他开始思考科学运用于实践，定会给人类带来多么意想不到的巨大好处。

有一天，到吃午饭的时间了，但是谁也找不到小培根，急得安妮说："别是他跑到街上玩迷了路，或者被人拐骗走了吧？"

爸爸尼古拉说："不会吧！大家再仔细找一找。这孩子经常到家里的藏书室去翻书，我到藏书室去看看。"

尼古拉走到藏书室里一看，只见小培根正坐在他的椅子上，全神贯注地翻阅桌上摊开的一大堆图书，就连爸爸走到跟前也没有发觉。

是什么书这样吸引小培根的眼睛呢？若不是亲眼看见，尼古拉怎么都不会相信：这都是一些同龄的孩子们读不懂或不喜欢读的图书，都是有关科学发明如何引起技术进步，导致人类生活改善的图书，什么采矿、冶金、制糖、酿酒、纺织、造纸、玻璃、制碱等，无所不有。

当尼古拉走近桌边时，培根正在看一本《新世界的几十年》。这本书囊括了当时关于地雷、炸弹、硝石和火药的丰富的知识。

尼古拉没有想到十来岁的孩子竟对科学技术、新的工业成就如此感兴趣。于是尼古拉低头问儿子培根："孩子，书上讲的这些道理你都懂吗？"

培根抬起头，对爸爸说："书中的道理我不懂，但书上的故事我读得懂，很吸引人。"

尼古拉高兴地抱住可爱的小儿子，培根又问爸爸："书上的故事是不是用来说明那些道理的？"

尼古拉亲了亲培根的小脸蛋，说道："我的乖儿子，你真聪明。"

在那个时代，父母和教育家们普遍认为，知识靠填充，甚至靠鞭子抽打，才能装入孩子的头脑之中。当然，尼古拉夫妇对培根这样聪慧的孩子，就用不着鞭子了，但他们对儿子的期望值很高，不会让他把光阴浪费在玩耍上。

培根的同胞哥哥安东尼·培根比他大两岁。兄弟俩都聪明好学，而培根尤为聪慧过人，深得父母的喜爱。

弗朗西斯·培根的母亲安妮，是一个博学多才的女性，她精通希腊文、拉丁文，是一位语言学家和神学家，但她并不想用希腊文与主教们交往。安妮也是加尔文教派的教徒，热心于宗教改革事业，她和加尔文主义者有着密切的关系。

宗教改革家西奥多·贝赞是日内瓦科学院的教授，也是加尔文出版物的助手。在加尔文去世后，西奥多·贝赞成为加尔文的传记作家和遗产管理人，他曾写了一本《冥想录》题献给安妮。

安妮还翻译出版了意大利宗教改革家奥奇诺的《讲道集》。奥奇诺是为躲避宗教裁判所的迫害，逃到瑞士后，与加尔文在一起的。后来，奥奇诺又来到了英国，成为由爱德华六世给予生活津贴的坎特伯雷的牧师。

安妮还把改革家玖惠尔主教用拉丁文撰写的《英国教会的申诉》翻译成英文出版。这是一本著名的为英国教会辩护的著作，被认为是"英国教会反对罗马教会的一个有条不紊的声明"。

安妮的才学和她的信仰、气质，在她翻译出版的著作中充分体现了出来。作家安德逊曾对安妮作出这样的评论：

> 她在神学上是一个加尔文主义者，在信仰上是个清教徒，在气质上是个"狂热者"，在学问上是接受各种学派的哲学、神学学说的思想家……是当代政治斗争的较为公正的观察员。

安妮对儿子弗朗西斯·培根的教育、宗教信仰等方面，有着诸多的影响。她亲自对培根进行教育，为教养儿子耗费了很多心血。

培根的姨父是威廉·塞西尔·博莱伯爵。博莱是英国著名的贵族，其家族与皇室的密切联系始于亨利七世时。

博莱曾在剑桥大学和葛莱公会学习，在爱德华六世、玛丽王朝都曾做过高官。

伊丽莎白继承王位后，博莱是伊丽莎白枢密院里权力最大的成员，是女王的财政大臣、国务秘书、首席部长，对女王及整个王朝都有着重大影响。人们本以为权倾朝野的博莱会提拔亲戚培根，却没料到他反而成了培根在仕途上的巨大阻力。

博莱和他的儿子罗伯特·塞西尔，即后来的萨里斯·博莱伯爵，对培根的一生都有较大的影响。培根生长于这样一个显赫的家族，对他来说，在生活、学习、成长等诸多方面，都具有极好的条件。

家庭环境的良好熏陶

由于尼古拉·培根的社会地位显赫，家中经常有一些贵族高官来访，来时一般都带着一些稀罕的礼品，有北美洲的金银器皿、中国的瓷器和丝织品、非洲的钻石等。

许多客人看到聪明的小培根，总爱逗逗他。培根也常问客人一些问题。在客人与爸爸交谈时，好奇的小培根总爱站在一边听着。

有一天，来了一位刚从北美洲回来的官员。这个官员对尼古拉说："自从发现新大陆以来，整个地球都让西班牙和葡萄牙瓜分了。我们国家怎么能让西班牙独揽海上贸易呢？英国再不发展海军和海上运输，会吃大亏的。"

尼古拉说："近几年来，我们的海外贸易发展得够快了，最近女王制定了'英国的商业需要英国的战船来保护'政策。我国对南北美洲、欧洲和北非的贸易额在逐渐增加。"

这位官员低声对尼克拉说："听说我们国家的约翰·霍金斯和他的表弟德雷克从西非捕捉黑人，然后装船贩卖到西印度群岛，赚了许多钱。"

尼古拉把嘴凑到这个官员的耳边，压低了声音说："不瞒你说，贩卖黑奴这事，咱们的女王也入了股。"

"啊——女王也……"这位官员惊诧得一下子瞪大了眼睛，他长长地"啊"了一声以后，就什么也不说了。

有一天，尼古拉从皇宫回到家，兴奋地对妻子安妮说："德雷克乘坐的'金雌鹿'号和他的舰队回来了。据说他在美洲西海岸俘获了西班牙大帆船，这艘船上装着大量的金银珠宝，价值50万英镑，等于王室一年的收入。"

安妮惊奇地说道:"这回女王该高兴了。"

尼古拉说:"当然了,女王亲自登上'金雌鹿'号去欢迎,还要嘉奖德克雷呢!"

培根听了,也对德克雷产生了敬意。他决心自己长大之后,也一定要干出一番令人钦佩的事业来。

培根自幼生活在一个得天独厚的特殊环境中,接触到许多上层人士和有学问的人。因此,培根从小就知道了英国各地乃至世界上发生的一些重大事件,见到了一般人见不到的东西,所以他比同龄的孩子们视野更为开阔、思想更为成熟。

培根后来之所以取得十分重大的成就,与所处的时代是分不开的。英国伊丽莎白时代才是培根伟大的真正的造就者,那是近代史上最强盛之国的辉煌岁月。

随着美洲大陆的发现,世界贸易中心也随之从地中海转移到了大西洋,西班牙、法国、荷兰和英国,这些位于大西洋沿岸的国家也因此在商业上、金融上具有了无可比拟的地位。这个优越地位本来为意大利所有,不过那是在大半个欧洲把意大利当作同东方贸易的桥梁的时代。

随着这个转变,"文艺复兴"的星火从罗马、佛罗伦萨、米兰和威尼斯转移到了马德里、巴黎、阿姆斯特丹和伦敦。

1588 年,英国打败西班牙夺得海上霸权,从此以后,英国的商业贸易遍及世界各个海域,英国的城市家庭手工业蓬勃发展,移民们征服了美洲大陆,水手们热心于环地球航行。

处在这样一个不平凡的时代,生在这样的国家,只要一个人心中怀有一颗种子,势必会破土而出,生根发芽,长成一棵参天大树。天资聪颖的弗朗西斯·培根必定能扛起时代的大旗,义无反顾地冲破枷锁,不断地探索与追求。

在培根出生之前，他已经有了4个哥哥，因此他的出生没有给这个大家庭带来太多的惊喜。可是，培根在成长的过程中，因其漂亮外表和聪慧过人的头脑，逐渐得到了全家人乃至亲友们的好感和宠爱。

童年的培根长得非常漂亮，皮肤白嫩，有一双大而有神的灰色眼睛，眼睫毛长而向外弯曲，圆圆的大脑袋，四肢灵活健壮，浑身充满着可爱的活力。

尤其是培根聪明的头脑，让所有见过他的人都感到生出这样一个孩子简直是个奇迹。培根未满周岁就口齿清楚，教什么会什么。不足两岁，他就能同大人进行对话了。刚满两周岁，父母把他带到哪里，都会招来贵族夫人甚至小姐们对他的由衷的赞美。父母带他出席各种社交活动，他简直就是一种骄傲的显示。

尼古拉当时有两处住宅，一处是位于伦敦的约克府，平时一家人都住在这里；另一处在哈佛州的高兰伯里城，这是他们一家人休假的别墅。

约克府在泰晤士河畔，房舍建筑非常气派，周围绿树环绕，清静幽雅，交通又十分方便，是一所很好的宅第。弗朗西斯·培根的快乐童年就是在这两个地方度过的。在良好的家庭氛围熏陶下长大的弗朗西斯·培根，自幼就懂得尊敬父母、关心他人。

如果说喜欢深沉地思考问题是一个人成为思想家的必备条件，是所有思想家的共同特点，那么弗朗西斯·培根从小就养成了沉思默想的习惯，而且这一习惯一直保持到老年。

培根对周围发生的一切都感兴趣，对什么东西都感到好奇。他经常拉着妈妈的手问"这是什么"、"那是什么"。

别看培根小小年纪，他却经常思考一些成年人都很少考虑的问题。培根不只经常挑出课本的一些毛病，他还对整个自然界进行思索。

有一天，培根忽然若有所思地问妈妈："妈妈，妈妈，您知道上帝住在哪里吗？"

妈妈看着天真的儿子，笑着说："上帝？哦，他应该住在天上吧！"

培根又认真地问："可是，天上都是一些星球，上帝怎么住呢？"

妈妈又说："嗯，那上帝应该住在每个人的心里。"

培根又问："可是，人的心那么小，怎么可能装得下上帝和那么多的神呢？"

妈妈只好说："好啦好啦！这些问题呀，等你长大了就知道了。"

培根思考问题时非常专注，常常为一个问题绞尽脑汁，多少天都放不下。在他进入剑桥大学的三一学院后，因为经常专心思考问题不注意饮食而患上了胃病。

母亲安妮在给培根的哥哥安东尼的信里这样写道：

> 我确实相信，你弟弟的消化不良是由于不按时就寝，在入睡之前要默想一些毫无意义的东西造成的，并使其日益加剧。

在伊丽莎白时代，上层社会都认为拉丁文是经典的、被检验过的语言，而英语则是凌乱的语言。上层社会都要求自己的孩子学好拉丁文，一是为了训练语言；二是为了了解古代文化。

弗朗西斯·培根在很小的时候，就在父母的教导下，接受拉丁文和希腊文的语法训练。

安妮在语言训练方面对孩子们的要求十分严格。即使在冬天，安妮每天早晨都会冒着严寒，6点准时叫孩子们起床，先做祷告，然后就开始背诵拉丁文或希腊文。

培根的记忆力极强，他在学习拉丁文和希腊文时，总是沉浸在快乐的情绪之中，从未感到过枯燥。

培根曾对人说："我每记住一个单词或学会一条语法，就好像获得了一种新的力量。"培根在 5 岁时，就能用拉丁语流利地朗诵古典诗篇，受到父母的赞赏。

培根从小就十分敬爱自己的母亲，听母亲的话。培根一生办事严谨认真，对理想的执着追求，都得益于母亲的感染和教育。

大约在培根 5 岁的时候，父亲尼古拉·培根就开始带他到皇宫里去见世面。第一次面见女王时，父亲还担心儿子会胆怯出丑。

可是，小培根的表现却非常出色。

在金碧辉煌的大殿上，伊丽莎白女王问小培根："孩子，你叫什么名字啊？"

"尊敬的陛下，我是弗朗西斯·培根！"小培根大声地回答。

伊丽莎白女王又问："那么，你几岁了呢？"

小培根冲女王神秘地一笑，然后不慌不忙地说："我是在女王这幸福的朝代出生的，年龄比您的王朝还小两岁。"

伊丽莎白女王对这孩子的回答充满了兴趣，称他是"我的小掌玺大臣"。

培根立即机敏地鞠躬说："谢谢陛下的加封。"一下子逗得大家哈哈大笑起来。

女王对培根的聪慧和机智十分惊讶，也十分欣赏。女王吩咐，以后可以经常带小培根到宫中来。

这次晋见女王，给父母和在朝当政的姨夫以及所有的亲友都增了光，全家人和亲友们都为培根感到自豪。在弗朗西斯·培根的孩提时代，他只知道女王对他的关心是超乎寻常的。

老培根的秘书兼牧师威廉·罗雷曾这样说道，女王非常喜欢把小培根叫到她的跟前，并询问他一些非常严肃的问题，听到他非常机智的回答后，她会高兴得哈哈大笑。

据记载，女王伊丽莎白曾不止一次地到尼古拉在高兰伯里城的别墅巡幸。在这座美丽堂皇的别墅里，在古老的橡树、榆树丛中，这位喜欢奉承的女王不知接受过小培根多少优美的颂词。

由于父亲尼古拉身居高位，因此他常常带着年幼的培根到皇宫里去玩，周旋于伊丽莎白女王和大臣们之间。加上家里来往的都是些达官显贵，使培根在很小的时候就熟悉并习惯了宫廷和官场的生活，并和女王、大臣们混得很熟。

女王伊丽莎白非常喜欢小培根，常提一些问题考他，而培根总是天真、顽皮地回答女王的问题。有时他还会表现出与实际年龄很不相衬的庄重神态和成熟的模样。

培根在长大成人后，经常出入皇宫，还经常和女王私下里自由地交谈。

事实上，尼古拉爵士和安妮夫人的处境有时也很不容易。为了方便女王和大印守护者居住，培根夫妇着手在古汉堡的乡间建了一处漂亮的庄园，所选地段与圣奥尔本斯大隐修院的废墟毗邻。

女王第一次参观此地时，就悻悻地说："我的天哪！你这房子也太小了！"

听了这话，尼古拉爵士心里很不是滋味。

为了掩饰自己的惊恐，尼古拉爵士巧妙地说："陛下，我住这样的房子已经很好啦！因为您使我变得重要，所以房子才显得太小了。"

不管怎样，这个庄园建了好几年，才在女王所有的要求都得到满足后竣工。在古汉堡庄园那里，已有历史文化的印迹可循。罗马人入侵时，那里曾沦为一座废墟。

罗马人统治时期那里称为维鲁拉米翁镇，距伦敦西北约 30 公里，其中还保留着全英格兰唯一的罗马大剧院。

古汉堡的夏天，对培根家的孩子们来说，是自由自在的好时光。那里是一片视野开阔的地方，空气十分清新。无论是在城里，还是在乡下，培根兄弟们的身后总是跟随着一大批家庭教师、侍从。

就是在古汉堡，男孩子们也没有逃过一次课。无论是在什么地方，他们都得读书。

尼古拉爵士在自家的图书馆里，藏有一套最新发现的希腊古典名作的手抄本，另外还有刚刚发明的印刷机印制的新作。这些新印出来的书在当时已经遍布欧洲，但在英格兰却只有几本。

弗朗西斯·培根很快就学会了用法文、拉丁文、希腊文、西班牙文、意大利文、希伯来文，甚至荷兰文进行阅读。他还被允许使用塞西尔西泊池庄园的大图书馆，同时也被允许使用安妮夫人的父亲安东尼·库克放在附近基甸大厅里的大量藏书。这使小培根从小就徜徉在知识的海洋中。

当冬天来临的时候，全家人就回到伦敦的约克府，整个气氛也随之发生了巨大的变化。他们又回到拥挤不堪的城市中，回到了做作的、但有时也令人兴奋的不列颠宫廷的氛围中。

沉浸在学习的快乐之中

　　小培根自幼便备受宠爱，可父亲尼古拉和母亲安妮却没有放松对孩子的教育。因为他们深深地懂得，如果受宠的孩子不加以严格约束的话，很可能会走上邪路，这是他们万万不愿意看到的结果。

　　尼古拉·培根夫妇为小培根的成长制订了严格的教育计划，为他请了很好的家庭教师，教他学习语言、圣经、神学等。待小培根年龄稍大一些，父母就开始教他学习英国历史、世界地理、欧洲各国概况等。无论学什么，小培根都很感兴趣，孜孜不倦地学习新知识。

　　在小培根12岁进入剑桥大学学习之前，他已经能轻松地使用多种语言进行阅读了。后来，培根宣称他对西方世界的全部语言都很熟悉。

　　弗朗西斯·培根与哥哥安东尼，都是按照当时最特殊阶层的方式接受教育的，这一点是不争的事实。可以说，在当时的英国，几乎没有谁家的孩子能比小培根兄弟受到的教育更好了。除此之外，母亲安妮还教小培根怎样欣赏音乐和文学名著，怎样使自己高雅大方，以及各种场合的礼节、贵族的交际习惯等。

　　聪明的小培根有极好的记忆力和领悟能力，他对所学的知识几乎是教一两遍就能铭记于心，而且还能自己悟出其中的奥妙。

　　在父母的严格管教和引导下，培根从小就养成了爱学习、爱思考的好习惯。他很少感到忧郁和消沉，而是完全沉浸在学习的快乐之中。

　　关于读书这个话题，培根后来写了一篇《论读书》，阐述了自己的见解。培根在这篇文章中说：

读书可以得到乐趣，获得文采，学会本领。乐趣的主要用处在于私人独处的生活；文采的主要用处在于和人谈话；本领的用处主要在于判断是非和处理事务。

有经验的人能够办事，或许也能够判断个别问题；但是有学问的人才能提供最有普遍意义的忠告，并策划和调度众多的事务。

花太多的时间去读书是懒惰的做法；过多地注意文采会流于做作；纯粹地按书中的教条去评断则是读书人的毛病。

读书可以完善天性，而经验可以使读书人完善。因为天性就像自然成长的树，需要由学问去剪修，而单靠书本指出的方向又太漫无边际，除非由经验加以规范和约束。

自以为聪明的人看不起学问，幼稚的人崇拜学问；而明智的人则利用学问，因为学问本身并不教会人们运用学问的方法。而学问之外和之上还存在着一种智慧，要靠注意观察去赢得。

读书的目的不应是为了反对和驳倒对方，不应是为了深信不疑，也不应是为了寻找谈话资料和辞藻，而应是为了权衡和考虑。有些书是供浅尝的，有些书可供吞咽，只有少数的书需要慢慢咀嚼和消化；换言之，有些书只需选择其中的某些部分去阅读，有些书无须细读；而有少数的书则需全读，而且专心细读。

有些书还可以由人代读，即读旁人做的节录，但这只适用于次要的论点和较平庸的书；否则压缩本像通俗的蒸馏饮料一样，华而不实。

读书使人充实，交谈使人能应对，写作使人确切。因此，一个人如果不写，他就需要多记住些东西。

　　培根很小就开始了对古希腊哲学的迷恋和思考，这使他在心灵和精神上产生了矛盾。他在学拉丁文的同时就接触了古希腊的思想，这给了他不少积极的影响。

　　但是同时，这也使培根产生了许多的疑问，他不断地反问自己：为什么不能相信亚里士多德？为什么不能相信柏拉图？他觉得有必要把心灵深处的东西清楚、真实地表达出来。如若不然，他的心灵就会感到受到了伤害。

　　小小的培根，不管走到哪里都被大人们宠着，可是他却爱读书胜过爱得到各种赞扬。夸赞没有使这颗幼小的心灵沉醉，也没有成为他的负担。在年龄很小时，培根听了别人的夸赞很高兴，稍大一些对夸赞就习以为常了，年龄再大些，又把夸奖当成了学习的动力。

少年求学于剑桥大学

由于培根十分聪慧，再加上家庭的严格训练和教育，他在 12 岁时就完成了语言、圣经、神学等多方面的知识储备。到了 12 岁时，所能请到的家庭教师已无法满足他的学习要求。于是父母试着为儿子选择了几所中学，可是听课之后，培根认为上课的内容过于简单了。

于是，父母为培根兄弟选择大学，以使他们继续学习和深造。当时，英国有两所著名的高等学校，一个是牛津大学，另一个是剑桥大学。牛津大学有着悠久的历史，宗教气氛较浓。剑桥大学在欧洲排名第三，宗教色彩比较淡，更适于俗家子弟读书，而且许多当朝非僧侣出身的大臣都是在剑桥毕业的。

尼古拉夫妇权衡再三，最终还是把培根和他的哥哥安东尼送到了剑桥大学的三一学院，让他俩攻读神学、哲学，同时还学习逻辑、数学、天文学和拉丁文等。

尼古拉夫妇还特意为培根兄弟请了当时学校最有学问的三一学院院长怀特姬夫特博士做导师。他后来担任了坎特伯雷的大主教。

1573 年 4 月 5 日，小培根进入剑桥大学三一学院深造。那时他才 12 岁多一点儿，年长他两岁的哥哥安东尼与他一同入学。在入学的当天，三一学院院长亲自出门迎接这两个孩子的到来，以示热忱欢迎。

虽然得到特殊的待遇，但弗朗西斯·培根却不喜欢剑桥大学的生活。在约克府和高兰伯里别墅长大，过惯了自由的王公贵族生活的培根，刚来到这个古老的、呆板的学院，他感到如同置身于地狱一般。学院的老师们，身穿宽袖的长外套，头戴无边的软帽，老气横秋，许多人甚至还疾病缠身。虽然这些教授都学识渊博、满腹经纶，但他们既不平易近人、广泛地接触学生，也不能生动活泼地进行教学。

这些少年大学生，都不愿意规规矩矩地听老教授枯燥地讲课。有些顽皮的学生，常用各种恶作剧耍弄迂腐的老教授，有时甚至气得老教授用手中的书卷敲打他们的脑袋。可他们不但不怕，反而哄堂大笑。学校也拿这些贵族子弟毫无办法。

在剑桥大学学习没多久，这位 12 岁的少年大学生就深深地感到，教授们所讲的知识不是早已烂熟于胸，就是陈腐得让人感到窒息。

教授们上经院哲学课时，往往组织学生讨论一些十分无聊的问题，比如，"在一个针尖上同时可容纳几个神仙跳舞？""猪上街是用绳子牵去的，还是被人赶去的？"培根对这样的讨论非常反感，他对这样的学习生活感到十分的痛苦和失望。

培根只要有空闲，就情不自禁地想念自己的母亲。母亲给他讲童话故事，母亲循循善诱地对他进行耐心的教育，以及母亲善待仆人、巧于管理家庭事务的形象，经常出现在他的脑海里。

安妮也十分挂念两个孩子在学校里的生活和学习，她经常到三一学院去看望培根兄弟俩。有一次，培根送母亲回家后，感慨地对同学们说："我只有在母亲身边，才会感到无比的幸福。"

培根非常孝敬母亲，他在大学读书时，做每一件事都先想到母亲。只要是"使母亲高兴"的事，培根就会认真地去做。即使是令人最乏味的教授讲课，他只要想起母亲，也会认真地听讲，决不懈怠。

此时的培根，虽然不喜欢老教授在课堂上讲的内容，但他在课余对探讨古人的思想、探讨科学发现和它们在现实生活中的应用，却有浓厚的兴趣。对自己所学的各门课程，少年培根都表现出异乎寻常的才能和独立思考的精神。

1573 年 10 月 10 日，培根获得了正式进入剑桥大学三一学院的许可。

在大学读书时，培根十分勤奋和刻苦。他很少把时间花在读书之外，在与别人的交往中，也往往是以谈论知识和辩论问题交友，从不把时间花在吃喝和闲扯上。

学校注重对学生辩论才能的训练，在训练中，往往是用拉丁文或希腊文让学生进行朗读和辩论。那些论辩成绩突出的学生一般都是学院的高才生。这种课程使一些不好好学习或较迟钝的学生感到难堪，但他们可以选择不参加。

在大学生中，培根虽然年龄最小，但他对这种很有挑战性的课程非常感兴趣，几乎每次论辩课他都参加。他事先进行充分的准备，临场即兴发挥。

每当小培根上台进行论辩的时候，总会引来许多师生的观看。培根那带着童稚嗓音的语调，讲出话来却有很强的逻辑性。他在论辩过程中从不强词夺理，而是以充分的事实和严密的逻辑使人信服。培根的逻辑思维能力在论辩课程中得到了锻炼和提高。

剑桥大学是英国的著名学府，开设的主要课程有逻辑学、辩证法、修辞学、高级文法、宗教、历史、语言学等。由于学生很少，导师可以像现代高等院校带研究生一样带学生，既没有系统的教材，也不集体上课，而是规定各个科目的原著，让学生自己去阅读，有了问题来问导师。这种学习方式，要求学生必须有很强的自我控制和自学能力。

学校把用希腊语、拉丁语朗诵文章和进行论辩，作为公共的训练。这种论辩是由答辩者用演绎的形式，对两个以上的对立意见加以论辩，每一步都要有明确的定义，并用三段论方法依次进行论证。学校认为这是使学生思维敏捷，并具有系统地、前后一贯地论述问题的技能的最好训练方法。

在这样的环境中，培根的父母很担心12岁的儿子能否适应。可是，早熟的培根比那些年龄大于他的学生更有自制力，对学习的兴趣也超过了其他同学。

培根兄弟很受同学们的欢迎，他们俩很风趣，并能随机应变，拿出有趣的想法与建议。培根对新学科表现出浓厚兴趣，这些新学科都是 16 世纪后半叶才渐渐为人所知的。

弗朗西斯·培根感到，自己对这些问题的探究责无旁贷。此时，他已经决定要"倾其全部所学，投身于家乡的建设"，他要利用所学，为"整个世界的变革"铺平道路。

母亲安妮对培根兄弟的教育极为关注，尤其对他们的宗教问题很不放心。安妮夫人是把宗教作为家规家训的虔诚的教徒，这样的母亲当然不会让儿子听其自然地成长。

当弗朗西斯和哥哥安东尼离开家庭去上学时，安妮紧张不安地注视他们进入社会，生怕公事和私人社交使他们结识不该交往的人。她

常给住宿在学校的两个儿子写信，在她的信里，谴责逐渐多于关爱。

培根自愿在学院里过普通学生的生活，没有因为年龄小而要求特殊的照顾。培根进入大学后，很快就把自己融入知识的海洋。导师布置学习亚里士多德和柏拉图的著作，培根的同学们还在为看不懂而发愁的时候，小培根却已经读出了其中的况味。

从柏拉图和亚里士多德等人的原著和有关解释的著作中，培根掌握了苏格拉底等许多哲学家的学说，并对他们有了初步的认识。培根把苏格拉底的学说与亚里士多德的哲学思想做了认真的对比，他更喜爱比较接近自然的早期哲学家的思想，而对于远离自然界、富于争辩的亚里士多德哲学产生了怀疑。

对此，培根后来的秘书罗莱曾回忆说：

> 爵士曾对我说，当他 16 岁左右，在大学读书期间，他首先对亚里士多德的哲学越来越不满。这不是因为作者本人毫不足取，他对亚里士多德本人是给予很高评价的。他不满的是亚氏方法的毫无效果。
>
> 爵士常对我说，作为一种哲学的亚里士多德的方法，只是富于辩驳和争论，却完全不能产生为人类生活谋福利的实践效果。他至死都保持这种看法。

从这段文字中可以发现，上千年来一直被人们奉为经典的亚里士多德哲学，在少年培根的心中，已经开始产生了动摇。

培根进而公开宣称，剑桥的教授们把自己的学问建立在亚里士多德哲学的基础上是大错特错的。他说，他们接受了一个以对自然界粗糙和肤浅的观察为基础的天真幼稚的科学。

培根下决心要把哲学导入更富于成果的轨道上来，把它从琐屑的论辩之中转移到能启迪和增进人类幸福上来。培根一生都坚持科学、哲学必须为人类生活实践服务的思想观念。为什么小小年纪的培根就能产生这么深刻的观念和追求呢？

在上大学前，培根就在父亲的图书馆里读过许多科学发现和发明方面的书。他的头脑里充满了许多好奇的问题，他经常对各种问题进行思考。

培根小小年纪就力图从本质上更好地理解人与自然、上帝与耶稣基督的关系。他思考最多的就是自然界的本质问题。因为他理解不了大自然的奥秘，为什么冬去春来、花开花落，人有生死？他在柏拉图和亚里士多德的哲学中找不到这些问题的答案。到了剑桥大学，培根在图书馆看到的科技图书就更多了。随着阅历的加深，他的视野也越来越宽广。

在伊丽莎白王朝，科学发现和发明及其在现实生活中的应用给人类带来了巨大好处，这是当时宫廷和上层人士家庭谈话的一项重要内容。培根耳濡目染，因此在这些方面就懂得比较多。

1540年，意大利人万诺乔·毕灵古乔写的关于冶金方面的第一部专著《烟火书》出版后，立即由伊丽莎白的宫廷要员托马斯·史密斯爵士带回英国，并很快被译成英文出版，广为流传。

不久之后，德国人阿哥瑞考拉用拉丁文写的《冶金学》，全面阐述了关于采矿和冶金方面的知识。1556年该书出版后，又很快被介绍到了英国。培根是一个好学而又早熟的少年，一有空闲他就钻到图书馆读这些科技方面的书和评论，受到很大的影响。

因为培根的知识丰富，他在同学中的威信也越来越高。课余时间，培根周围总是围着一些同学，他不是给同学们解答各种疑难问题，讲解从书本上得到的新鲜知识，就是绘声绘色地讲述柏拉图、亚里士多德等哲学家的奇闻趣事。

培根的词汇非常丰富，语言表达能力很强。即使是一件极为平常的事，他也能讲得非常生动，引人入胜。当时，英国正在迅速发展生

产力，朝着工业革命的目标迅猛前进。人们迫切希望能从山里挖出各种矿物，提炼出各种有用的东西，用于各项事业。

有一天，培根激动地对同学们说："你们想想，经院哲学和神学能使人们懂得从何处挖出矿石，又怎样把它们提炼成金属，并根据需要把金属制造成机器、轮船、大炮吗？而《烟火书》、《冶金学》这类书上的知识就可以教人们找矿石，冶炼金属。"

同学们都注视着培根，听着他所讲的内容。培根的讲话比教授讲课还吸引学生，他见同学们听得都入了神，于是接着说："人类社会如果没有金属，那该是个什么样子？我们将回到树林里去，靠寻找橡实和浆果为生。"

培根在剑桥大学博览群书，学问不断增加。与此同时，培根发现鼓励他进行自由研究、自由判断的那些人，最终都被隔离了。当时在英国的大学里，几乎没有容纳思想者的空间。后来，培根写道："在当时的大学里，几乎没有人愿意自由地思考。"

在保守思想居统治地位的 16 世纪，成熟的思想家也未必能提出的深刻疑问，培根在 15 岁时就提出来了，由此可以看出他思想的深刻和注重理论联系实际的倾向。正是这种倾向，激发了他对科学和实验的思考。

观察与实验是弗朗西斯·培根所追求的一切。如果实验没有任何结果，那么他是不会相信某种理论的可靠性的。基于逻辑所进行的各种争论，那已经是古人玩的把戏了，只有"观察并看到"，才会对未来有用。这种追求贯穿了培根的一生，并使他在后来的学习和研究中，形成了影响近代思想进程的经验唯物论。

对于此时的剑桥大学，培根感到失望，他后来这样写道："智慧之人都已经被关进大学问家的地窖里去了……就像很多人被关进修道院和大学的地窖里一样。"培根对剑桥的学科极为轻蔑，认为英国当时的教育制度是有害的。

于是，培根和哥哥安东尼提出申请，希望允许他们回到古汉堡的家里，不再继续读下去。此外，几次瘟疫大流行也使得剑桥大学关门停学了好几次。在这几次瘟疫中，仅伦敦就有几千人被夺去生命。在大学毕业前夕，培根对一些要好的同学讲：

> 我们应该下决心彻底抛弃旧哲学，创立一种能直接为人类服务的新哲学，要把世界上的人们从"亚里士多德神学"的束缚下解放出来。

培根的真知灼见，使剑桥大学的老师和同学们对他刮目相看。

1575年3月，培根与哥哥安东尼均没有获得学位，就离开了剑桥大学。麦考莱这样形容他的离开："他是带着这么一种心理走的：对剑桥的学科深为轻蔑；对英国的学校教育制度坚决地认为其根本有害……"

能够把两个孩子接回家里来，这使安妮夫人感到非常的高兴，因为她又可以亲自照顾他们了。

在1575年圣诞节前夕，剑桥大学三一学院里关于培根家两个孩子的记录终止了。这样，他们的正式求学生涯也就到了尾声。

培根在剑桥大学学习了近3年的时间，所学课程多达数十门。培根不仅对哲学和科学产生了浓厚的兴趣，而且对艺术、语言、文学等也极感兴趣。培根在剑桥学会了多种语言，培养了很高的文学素养。培根的写作，文笔生动活泼、语言美妙，把哲学和政论文章都写得像散文一样优美。

大学生活结束时，学校对培根的评价是：学习勤奋，对各门主修课程都达到了"精通"的程度。小培根堪称是当时的少年奇才。

培根和哥哥安东尼回家后的生活，看起来很舒服，他们盼望与家人一起在古汉堡过个快乐的圣诞节。安妮夫人坚持要砍伐一根最大的木头，在圣诞节时好好烧上一把，祈求来年万事如意。安妮还坚持亲自准备节日宴会，来庆贺全家的团圆。

弗朗西斯·培根和安东尼感到非常的高兴，他们感到自己已经长大成人了，头脑中充满了智慧。而且弗朗西斯·培根还有一个特点，那就是他有一种魅力超群的"嘲讽的智慧"。

本·琼森后来评价说，培根简直是"不嘲讽就说不了话"。他总是嘴上不留情，讥讽的话脱口而出。哥哥安东尼也被认为很有幽默感。而正是弗朗西斯超人的幽默感和深刻的精神世界，才使他在后来的艰难岁月中没有被打垮。

无论如何，古汉堡的这个圣诞节，标志着弗朗西斯·培根无忧无虑的日子一去不复返了。

坎坷的社会之路

习惯真是一种顽强而巨大的力量，它可以主宰人的一生。
因此，人从幼年起就应该通过教育培养一种良好的习惯。

——培根

最年轻的驻法外交官

　　培根在剑桥大学努力学习的时候，父母都在为他而奔忙，他们对小儿子的前途抱有极高的期望。

　　少年培根在剑桥大学近 3 年的学习生活结束后，很快他就以渊博的知识、敏捷的才华而闻名于伦敦上层社会。当时英国的许多著名人物，无论是科学家还是艺术家，都要到国外观光学习，吸收异国的文化营养，以丰富自己的头脑，积累知识和增长阅历。

　　通过各种关系和途径，父母亲向王公贵族等一切有权势的人们宣传培根的聪明才智。培根的父亲在官场上不乏朋友，也不缺少官场经验。但培根当时年龄确实太小，还未达到能够胜任要职的程度。不过，他们的活动还是有结果的。

　　1576 年的春天，万物复苏，大地呈现出一片生机勃勃的景象。此时，父亲尼古拉·培根在葛莱公会会馆的中心地带为两个儿子盖了几间房子。

　　6 月 27 日，培根和哥哥安东尼住进了这个会馆，做了高级练习生。后来，安东尼终于成为一位优秀的情报专家，这几间房子便成了培根常住的地方。

　　1576 年 9 月，当鲍莱爵士被任命为英国驻法国大使时，伊丽莎白女王突然想起了小培根，提出让他跟鲍莱爵士到法国去工作。在经过周密的权衡利弊得失之后，弗朗西斯·培根接受了这个任命。

　　对于这个致使自己从研究哲学转向从政的重大决策，培根在《自然的解释》的序言里有所论及。

　　培根这样自我表白地说道：

　　我既然坚信自己天生就是来服务于人类的，并把对大众幸福的关心视为我的义务——那些义务是与公民权利相关联的，宛如人人都该享用空气和水一样。

　　于是，我就问我自己，最能为人类谋福利的是什么呢？与我的天性最相符的是哪种工作呢？经过一番审视之后，我发觉发明的发现和技术的发展，对人类生活进入文明社会最有裨益，再无其他的工作能比它们产生更好的收效了。

　　最主要的是，假如一个人能够取得成功——不仅仅是在某项具体的发明创造上，不论有多大的价值——而是在自然界点燃一只照亮世界的火把。这只火把初燃之时，照亮的是人类发现的当下疆界，当它上升得更高更远之后，黑暗中的每一片角落、每一道隙缝就都将被它照亮，在我们眼前清晰地表露出来。

　　在我看来，一个这样的发明家应该当之无愧地被称为宇宙之间人类王国的开拓者。这是一个为人类自由而奋斗的勇士，是消除至今还把人类禁锢起来的各种必然性的人。

　　此外，我发现我天生特别适合于对真理进行冥想。这是由于我的头脑能一下子就擅长于顺应重要的对象——我所讲的是对相似性的认识——同时，对那些不同事物之间的微小差异，我也有足够的耐心和注意力来加以观察。

　　我热衷于研究，沉着于判断；以沉思为乐，谨慎于认同；敢于纠错，严于整理。我既不沉迷于猎奇，也不迷信于厚古，对种种欺诈也深恶痛绝。鉴于上述理由，我以为我的天性和气质好像和真理有缘。

　　但是，我的家世、我的教养通通都把我推向了政治，而非把我推向哲学：我好像自幼就浸泡在政治的染缸之中。犹如许多年轻人常会碰到的情形一样，有时我也因不同的看法而在思想上摇摆不定。我也在考虑，我对国家的职责向我提出了特殊的要求，这并非生活中别的职责所能驱动得了的。

最后，我怀揣一种这样的希望，假如我在政府里谋得一个体面的差使，我就可能为完成我命中注定的使命而获得帮助和支持，进而对我的工作有所裨益。因为有了这样的动机，我就委身于政治了。

于是，15岁的培根成了英国驻法国大使馆最年轻的外交官，担任英国驻法使馆的外交事务秘书。

出身于贵族家庭的培根，从小就出入宫廷，在贵族、大臣们的教育和熏陶下，他的言谈举止、待人接物等各个方面，都自然而然流露出一种贵族的气质。文质彬彬的培根，不用经过特殊的训练，举手投足就都十分合乎官场的礼仪。

幼年时，培根在书上读到过西班牙女王伊莎贝拉说的一句话："好的仪容就是一封永久的推荐信。"这句话给培根留下了非常深刻的印象。

在现实生活中，培根已经深深地感受到，仪表在社会交往中非常重要，在小节上一丝不苟的人，常常会得到众人的赞赏和尊重；一位彬彬有礼的人，肯定能赢得好的社会声誉。所以培根常常对人说："礼仪是一种非常微妙的东西。"

培根曾在《论礼貌》一文中这样写道：

其实要使自己的举止优美得体，只要做到细心就可以了。因为人只要不疏忽，他就自然会乐于观察和模仿别人的优点。自然大方的礼节才显得高贵。假如在表现上过于做作，那就失去了它应有的价值。因为优雅的举止本身就包括自然和纯真。

　　有的人举止言谈好像在作曲，其中的每个音节都仔细推敲过。但这种明察秋毫的人，却可能得不到别人的认同。也有人举止豪放不拘礼仪，这种不自重的结果会导致别人也放弃对他的尊重。

1576 年 9 月 25 日，"无畏"号大船奉命载着鲍莱大使和随他一起来的弗朗西斯·培根，穿过英吉利海峡，登上了法国的加来港。全国最棒的海军军官乔治·布里斯托一路上为他们保驾护航。上岸后，培根和鲍莱大使就朝着巴黎皇宫的方向出发了。

　　弗朗西斯情绪高涨，脸色绯红，他和鲍莱大使急匆匆地踏上了去巴黎的道路。

　　进入巴黎了，培根他们在这里受到了热烈欢迎。一切都被安排好

了，他们将被安排在"伟大的国家里食宿"，而且非常可能被安排在大理石建造的奢侈的卢浮宫里下榻。此时，卢浮宫就是法国皇族的家。

培根完全被震住了。他对英国王室的一切都已经习以为常了，但是却没有任何思想准备迎接这繁华都市的奢侈与豪华。培根发现，巴黎比伦敦更美、更富有。

几天之后，亨利国王亲自主持给这两位英国客人接风洗尘，超豪华的宴会场面令培根大为惊叹。

宴会将在这个富丽堂皇的环境中举行。法国国王衣着华丽，高视阔步地走了进来，身边簇拥着佩戴郁金香、牡丹和野百合花环的迷人漂亮的女侍从，以及手持月桂的年轻小伙子们。

紧随国王身后的，是身着绸缎、腰系缎带的宠仆们。这些人都很女人气，他们永远紧随在国王的左右；随后进来的，是上了年纪的皇太后凯瑟琳·德·梅迪契。据说，真正掌握法国实权的人物是这位老太太。

这一切真是太精彩了，培根在自己的日记中表露出，他在"法国王室里，简直就是个从未见过世面的新丁"，他"不住地打量这丰盛宴会中的一切"，被整个宴会场面彻底震慑住了。"我们吃着，心中万分高兴，却没有一点想调皮捣蛋的想法。"培根这样写道。

当亨利国王招呼培根坐在自己身边时，他的自信开始有所显现。国王用法语跟培根打招呼，但并没指望他能听懂。但是，国王显然低估了这位年轻的客人。对培根来说，从一种语言换成另一种语言，根本就不成问题。他从小就受到好几种语言的训练。

培根用非常得体又直截了当的方式回应了国王的招呼。接下来，培根在使用法文成语时非常流畅，没有一点儿生疏的感觉。你要知道，法文中的成语对外国人而言，是很难学习和掌握的。因此，所有人的目光瞬间都聚焦在这个孩子身上，都对他表示赞许。

培根好像是天生的外交家，虽然年纪小，但是气度非凡，聪明睿智。在与法国上层官员的交往中，培根显得十分的老练成熟。他小小年纪就懂得，"愚蠢者等待机会，聪慧者创造机会"。所以培根处心积虑地为自己的飞黄腾达创造条件。

　　严格的教育，使培根懂得工作和忠于女王是第一位的。他到巴黎后，最初把主要精力都放在熟悉外交事务和进一步精通法语上。

　　培根到法国后不久，便奉鲍莱之命，把一些消息、报告送回国内，直接呈递给女王伊丽莎白。

　　女王接过材料后，便挥手对培根说："请坐下。"

　　培根后退几步坐在一张凳子上，静静地注视着女王翻阅材料。只见女王越读越高兴，最后高兴地对他说："你年纪虽小，做事却非常干练。"

　　培根忙欠身回答道："多谢陛下的鼓励。"

　　女王又说："这次任务完成得十分出色，希望你今后在鲍莱爵士的手下进步更快。"

　　培根立即站起来，躬身说道："谢谢陛下的栽培。"离开宫廷后，培根没有在伦敦多做逗留，就很快回到了法国巴黎。

不断地汲取新的思想

在法国工作的半年时间里，培根熟练地掌握了法语会话。当他熟悉了外交公文和办事程序之后，就把主要精力放到了学习法国文化、参加巴黎的文化活动上。

作为少年外交官，培根频繁地参加巴黎上流社会的各种沙龙。他英俊的相貌、炯炯有神的眼睛、才思敏捷的头脑，使他走到哪里都受到主人的特别欢迎。

培根知识渊博，思维深透。每遇争论，他总要谈谈自己的看法，这使那些盲目崇拜知识和学者的巴黎贵妇人们禁不住啧啧称奇。

在巴黎，培根不仅参加沙龙，而且还观察欧洲大陆的自然风光、经济发展、政治变化、学术动向。他以极强的求知欲，全面了解英国以外的世界，这使他知识大增，视野更加开阔。

后来，培根根据自己对巴黎政界的观察，写成了《欧洲政情记》，还做了大量的笔记和对沙龙的评论。巴黎的学术活动，对培根的学术思想产生了极大的影响。

培根在法国生活的这段时间里，巴黎和外省的省会城市，都涌现了一批宣传新思潮的学者。这些人都受过法学教育，有过从政经验。他们经常聚在一起讨论各种新观点，这在当时是一种时尚。

培根在巴黎期间，也被朋友邀请出席过这样的讨论会，所以他对这些沙龙式的座谈讨论非常熟悉。

在当时的巴黎，学术沙龙成为一时风尚。学术沙龙是经常性而又非正式的聚会，各种人士都来参加，大家热烈地讨论一些新思想。对此，培根印象极为深刻。

32 年后，培根的哲学著作《各家哲学的批判》，采用的就是一个哲学家在集会上演说的形式，而这个虚拟的集会地点就设在巴黎。

在《各家哲学的批判》一书中，培根这样写道：

> 大约有 50 个人出席，其中没有年轻人，都是上了年纪的，而且每个人的脸上都带着尊严和荣誉的标记。集会的人中，有些是当过官的，有些是上院议员，也有著名的教士和几乎来自社会各阶层的要人，也有来自不同国家的外国人。
>
> 他们有秩序地一排一排地坐着，互相亲切交谈，好像在等待着什么人似的。不一会儿，有一位安详沉着、但惯于表现怜悯之状的人走到了他们中间。

而这个人，正是培根安排的来给大家讲述一些重要新思想的人。这种形式显而易见是培根早年巴黎之行集会见闻的记忆残余。当时，在法国宣传新思潮最激烈、最有名的学者，就是人文主义思想家蒙田，他差不多比培根大 30 岁。

培根在法国期间，蒙田正在集中精力埋头撰写《随笔集》头两卷。到了 1579 年，培根离开法国回国前，蒙田的《随笔集》前两卷已基本完成。在此期间，蒙田还经常去巴黎法院办事，涉足政界与学术界。蒙田在巴黎时，经常挤时间参加风靡一时的学术沙龙，宣传自己的思想。

培根的哲学思想，以及他对人生、对社会的认识，同蒙田的思想极为接近。培根在思想上受蒙田的影响非常深。蒙田把自己的力作称为《随笔集》。培根把自己呕心沥血写成的文章结集出版时，也取名为《随笔集》（有人译为《论说文集》）；两本文集中许多篇文章的题目或相同，或近似。

蒙田的哲学思想是怀疑主义。因为经院哲学把自己的原理说成是终极真理，不仅把自己的原理自诩为人类智慧的最高标准，而且自封为人类行为的最高准则。

蒙田针对经院哲学而提出了怀疑主义，他把神学称为"假科学"、"伪科学"。蒙田力图证明包括亚里士多德的哲学观点在内的一切旧的哲学体系都是错误的。蒙田的这些思想和培根的思想完全一致。

当时，法国流行的思潮也是欧洲流行的思潮。这种思潮的兴起，向人们发出了一个信号，即社会的发展正需要一种新的、更完美的科学的认识方法和与之相适应的解释世界的原则。

蒙田哲学思想的终点，正是培根哲学思想的起点。如果说培根改造旧哲学的大志，在童年时代就在他幼小的心灵中埋下了种子，随之在大学时代开始萌芽，那么到了这个时期，用他自己的话说，就是已"如此固植于我的心中，以致无法去掉了"。

16世纪的法国，是一个君主专制的国家，不过其君主和大臣比较开明和进步，是一个有教养的开明统治集团。但是16世纪80年代的法国，正处在内战时期，大部分时间为宗教战争所困扰。

1572年，法国数千名胡格诺派信徒被屠杀，引发了一场天主教与新教之间的内战，这场战争持续了近10年的时间。培根在法国期间所看到的，大都是战乱和教派之间的残酷斗争以及无谓的牺牲。

培根在看到这种情况之后，心里久久不能平静。他回到巴黎使馆后，便把自己的所见、所闻、所感对哥哥安东尼说："一国之君，在党派斗争中，不能偏向任何一方，更不能成为某党某派的成员。"

安东尼非常同意培根的意见，他说："君主制国家，政府中的党派永远都是有害无益的。"

培根说："你算说到问题的实质了。因为党派要求其成员尽各种义务，而这些义务往往高于对君主和国家应尽的义务。如果党派斗争愈演愈烈，并甚嚣尘上，必然会损害君主和政权的威信，也说明君主软弱无力。"后来，培根把这次与哥哥议论的观点写到了《论党派》里。

培根在一篇名为《论叛乱》的文章中指出：

酿成叛乱的原因一般来说，有如下几方面：

对宗教的不满、要求减轻赋税、要求改革法律或风俗、要求废除特权、要求贬斥小人、要求抵抗异族入侵、由于饥荒以及其他那些足以激怒人民，使众心一致地团结起来反抗的事件。

君主讲话应当慎重，不应该讲那种自以为机智、实际上却十分轻率狂妄的话。恺撒曾说"苏拉不学无术，所以不适于当独裁者"，结果他为这句话付出了生命的代价，因为这句话使那些不希望他走向独裁的人绝望了。

加尔巴说："我不会收买兵士，而只征用兵士。"结果这句话也毁掉了他，因为他使那些希望得到赏金的士兵绝望了。

普罗巴斯说过："有我在，罗马帝国将不再需要士兵了。"这使那些职业战士们绝望了，结果断送了他的生命。

因此，作为君主，在动荡形势下的某些重大问题上，必须慎其所言。尤其是此类锋利的警句，它们传播之迅速有如飞箭，并被人们看作君主所吐露的肺腑之言，其作用甚至超过长篇大论。

当时的法国，也同英国一样，正在经历一场经济的变革。法国的工业进步，主要得益于改进技术和改造手工业的生产方式。技师波纳德·巴里西的制陶事业取得很大的成功，就是这场改革的典型事例。

巴里西最初是一个玻璃技师的学徒，后来转行学习制造陶瓷。他潜心研究白珐琅技术，后来得到宫廷的赞助，并最终获得成功，一举成名。巴里西在成名之前差点儿破产，以致他不得不把家里的东西卖了，来购买制造陶器的原材料。

巴里西不只是一个手艺人，他还钻研一些科学问题，在化学、地质、农学、造林等领域都有过一些成就。巴里西的事迹，当时在法国被传为佳话。

培根到法国时，巴里西已经是一位名人了，他在宫廷里任职，经常在巴黎举办演讲会。在沙龙里，朋友们不止一次向培根介绍巴里西的事迹。培根也从报刊、书籍上读了不少有关巴里西的材料。

巴里西当时在巴黎办了一个"自然博物馆"，展示自己的事业成功的轨迹。巴里西在介绍这个展览的文章中写道：

> 亲爱的观众，我可以向你们保证，在几个小时以内，在参观的第一天，你们就能从这个博物馆所展览的物品中，得到比用50年的工夫研究古代哲学家的理论还要多的自然哲学知识。

从这段文字可以看出，巴里西轻视经院哲学、重视应用科学，主张知识与实践相结合。巴里西的主张和见解，与培根的观点是如此的接近，因而引起了培根的浓厚兴趣。

后来，培根在著作中曾写过这样一段话：

> 各种科学的真正的与合法的目标，简单说来就是用新的发现和能力来丰富人类的生活。大多数人并没有意识到这一点。他们的思想永远不会超出赚钱和他们本行中的日常工作的范围。不过有时也会发生这类情况：一个特别聪明的和有志气的手艺人致力于一项新的发明，在这个过程中甚至会倾

家荡产。

巴里西正是历史上一个致力于新发明，几乎倾家荡产、聪明而有志气的手艺人中最著名的范例。

从这段话中，可以看出培根的两个重要的思想观点：一是在赚钱与把科学运用于实践并争取有所发明两者之间，培根更重视后者；二是要创造一门在实践方面富有成效的科学，就必须克服轻视工匠的思想。

培根还有一个十分明确的观念：要想在认识真理上取得进步，就必须直接求教于自然界而不是求教于书本。

培根在其著作中还曾指出：主要的发明，大多都是在人类还没有许多书本知识的远古时代做出的。他还认为，在书本知识与科学实践相结合方面，工匠比士大夫阶级的知识分子好得多。培根的这种认识，已经超出了他的阶级局限。

在旅居巴黎两年半的时间里，培根几乎走遍了整个法国，接触到不少的新鲜事物，吸取了许多新的思想，这对他的世界观的形成起到了很大的作用。

真诚地爱恋法国公主

培根抵达法国后，由于十分年轻，又天真烂漫，而且侠肝义胆，所以很快就受到了女人们的喜欢。他开始恋爱了，并全身心地投入了进去。

在培根看来，爱不应该一闪即逝，也不应是一时的冲动。这是他的初恋，也是他唯一一次真正的恋爱，是他一生中不能忘怀的最美之"爱"。后来，当他全身心爱恋的人儿，被证实对他不忠时，他才发现自己投入了多么深刻的感情，很具有悲剧性。

玛格丽特·瓦卢瓦，或者叫玛格丽特公主，是凯瑟琳·德·梅迪契的女儿，洛伦茨·德·梅迪契的外孙女，她就是弗朗西斯·培根心仪的那个人。当培根第一眼见到玛格丽特公主时，他的魂儿就被勾走了，他觉得她是那么的可爱，他完全被征服了。培根刚到法国不久，就见到了她。

玛格丽特这个名字，在培根听起来，应该不会陌生。她于1572年8月18日嫁给了表兄亨利，亨利是纳瓦拉国的国王，玛格丽特从此改信新教。也就是在那天晚上，发生了历史上著名的屠杀案。

在玛格丽特新婚的第六天，巴黎街头便沾满了新教徒的血迹。可怕的消息传到伦敦，弗朗西斯·培根没有忘记整个新教社会的愤慨与战栗。整个恐怖事件，都是信奉天主教的玛格丽特的母亲一手所为。而现在，培根却深深地爱上了她的女儿。

玛格丽特与纳瓦拉国王的结合并非两相情愿，而是出于政治目的。玛格丽特并不是个言听计从的公主，她对母亲逼她嫁给纳瓦拉国王，心中充满了愤懑。弗朗西斯·培根见到她不久，她就提出了离婚的要求。

之所以要离婚，与玛格丽特和吉斯公爵之间的男女之情有关系。吉斯公爵被公认为是法国最漂亮的小伙子，也是苏格兰女王玛丽最认可的人物。吉斯家族一直是玛格丽特家族的强大对手，正是这种情形，才使得他们彼此之间产生了强大的吸引力。

培根承认，他最初与玛格丽特相遇时，她绝对不是个天使。她比他大8岁。在培根眼中，她没有圣人的光环。但是培根觉得，她是自己在法国见过的最美丽的女人，她浑身充满了珠光宝气。很快，培根对她的赞美之词更加热情洋溢。他说，她是他"最甜美、最甜美的爱"，是他心中"耀眼的天使"。

不过，当时玛格丽特的画像，却一点儿也没有显示出培根所描述的那种美丽动人。画像上的玛格丽特，紧绷的脸上神色阴沉，并没有什么特别之处。也许是其具有的魅力与人格，弥补了不足，令培根心中产生出一种美感。他写下许多文字，对她大加赞赏，崇拜她的美。

玛格丽特的美丽与魅力征服了弗朗西斯·培根，她身上的其他东西也令他赞叹不已。玛格丽特对培根的影响是巨大的。可以看到，他们在各个方面都非常的相像。培根认为他们是命中注定的一对，对此他丝毫也不怀疑。

玛格丽特也像培根一样，头脑聪慧、精明过人，对音乐非常喜欢，又有机智应答的天资。她也喜爱诗歌，可以花上几个小时阅读并深入思考而乐此不疲。对普通人的福利问题，她也给予关注，还经常拿出钱财赈济穷苦百姓。所有这些，都是她令人着迷的地方，令培根为之深深倾倒。

最令培根钦佩的是，玛格丽特经常在家里举行社交晚会。她邀请最杰出最有文化的知识精英到场，与他们讨论诗歌、音乐、文学、神秘主义，以及当时社会最关注的问题，俨然一个小型的学术沙龙，与当时盛行于整个欧洲大陆的沙龙一样。

在众多的聚会中，培根遇到了法国最杰出、最多产的"诗圣"龙萨先生。龙萨创办了"七星诗社"。这个诗社的主要目的是使法语变得更加高贵，使法国文学更有地位。

培根在这里看到了他的生活目标，这影响了他的一生。他甚至暗下决心，要将自己的母语提升到更高的境界，将英国几乎连雏形都不存在的文化发扬光大。

培根对玛格丽特的爱，每天都在增加。每次与她相见，培根都会更加迷恋她。当听到玛格丽特与纳瓦拉国王之间并没有爱情时，他受到了极大的鼓舞。玛格丽特天性表现出来的高贵的样子，以及她对这位来自英国的迷人的年轻人的兴趣，最终促使培根鼓起勇气，向她表达了自己的爱慕之情。

玛格丽特早已习惯了男人们对她的溢美之词，但她对培根所投入的热情还是很感动的。在爱情上，培根还是一个非常单纯的小伙子，但他却很忠诚，让人信赖。培根相信自己对玛格丽特的爱是十分神圣的，他向玛格丽特说出了自己的真心话。当她接受这一切时，培根相信，作为回馈她也等于承诺爱他，并忠诚于他。

随即，培根开始安排玛格丽特与纳瓦拉国王的离婚事宜，并不失时机地继续对她展开追求攻势。但是，伊丽莎白女王否决了培根娶玛格丽特的请求。不过，这还不是导致培根彻底失望的主要原因。

一天，玛格丽特的老保姆将培根叫到一边，跟他耳语了一番。她告诉培根，公主之所以没有把全部的爱都付出，是因为她已经将一部分给予了别人，这个人就是她的情人吉斯公爵。

培根听后痛苦万分，他说："我绝对不能容忍爱情中有别的竞争者。"此时，培根才真正意识到玛格丽特的情感世界，绝非他所想的那样单纯。

面对陡然间的贫困

1579 年年初的一个灰蒙蒙的早晨，正在法国的培根从睡梦中醒来，他感到自己睡得很累很累。他依稀记得刚才所做的梦，那梦困扰着他。

在梦中，他热爱的家乡，英国古汉堡庄园，好像一下子被"黑色的灰浆涂抹得乱七八糟"。直觉告诉他，可能有坏消息传来。所以，当信差把他的父亲尼古拉爵士死亡的消息带给他时，培根并没有感到格外的震惊。

尼古拉死于伤风。给他剪头的理发师看到他睡着了，随后连窗户也没关就走了。2 月的冷风把尼古拉吹坏了。尼古拉一觉醒来，就感到身体有些不舒服。

理发师解释说，没有叫醒他是因为怕搅扰了他的睡眠。

尼古拉爵士回答道："您的礼貌将使我丢掉性命。"

几天后，尼古拉便离开了人世。

培根以最快的速度回到伦敦，可惜还是晚了一步，错过了盛大的国葬仪式。人们仍能感受到培根悲伤的心情，因为他非常爱自己的父亲。

培根听说，在整个送葬队伍的前面，母亲骑着一匹披着黑纱的马，形单影只地走在前面，身后的一匹马则驮着她深爱的丈夫的遗体。

对培根来说，在他出生之后，父亲一直是他的保护者、他的良师益友。一整天，圣保罗大教堂的钟声就没有间断过，圣马丁教堂里的钟声也不曾中断。对当时的人们而言，这是一个非常庄严的时刻。

当培根重新走在伦敦大街上的时候，他发现这个阔别两年多的城市，使他感到既亲切又害怕。亲切的是他又回到了故地和见到了亲朋好友，害怕的是一切都变得那么的陌生。所有熟悉的面孔都变得冷冰冰的，熟悉的场所把他拒之门外。他知道，这都是因为父亲这座大山倒下去了的缘故。

此时，年轻的培根认为，这一切都标志着一个轮回的结束，也标志着自己青春岁月的结束。从此以后，不会再有什么安全的家，他只能依靠自己了。

尼古拉·培根的遗嘱是当着全家人宣读的。每个家庭成员都获得了一份，但弗朗西斯·培根被排除在外。安东尼·培根继承了很大的一笔财产，从此成为富人。

尼古拉前妻的两个孩子纳撒尼尔和爱德华，也都得到了相当丰厚的一笔遗产。此外，尼古拉的 3 个女儿，即伊丽莎白、珍妮和安妮，也获得了部分家产。古汉堡庄园由安妮夫人继承，之后将传给老大安东尼·培根。另外还有两处庄园也是安东尼·培根的。

小培根没有得到任何财产。父亲只是把一些物件留给了他，此外还把一些租金划给他，使他年年都能有足够的生活费用。据说，尼古拉生前曾计划积蓄一大笔钱财，买足够的田产、庄宅，留下来送给他最钟爱的小儿子，作为他今后的生活费用。

因为在 5 个儿子中，只有培根没有固定的职业收入，生活最没有保障。可是现在，由于尼古拉突然病故，这个计划便成了泡影。

尼古拉虽然身为"掌玺大臣"，生前享尽了荣华富贵，仅庄园就有两处，家里仆人也数以百计，但是他的个人财产并不多。

弗朗西斯·培根忽然之间成了穷人。这对一个在贵族家庭中长大、过惯了奢华生活的贵公子来说，几乎是一个致命的打击。在以后的十多年间，培根不得不靠借贷度日。

这倒不是因为培根一无所有，而是他不习惯改变原来贵族的阔绰的生活方式。他既不能量入为出，同时也相信自己有偿还债务的能力。

由于培根总是负债累累，有20多年的光景，他没有过过一天轻松舒心的日子。直到1595年埃塞克斯赠给他一所庄园，1601年他的哥哥安东尼死后，把一块领地给了他，他的境况才有所好转。

随着父亲的去世，培根面临的第二个问题更严重了，那就是他面临着前途无望的境地，看不到任何出头之日。本来培根的家族与权贵关系密切，他早晚会获得一个高官显位，但是由于父亲的突然去世，这一切就变得遥不可及了。

当时，英国的宫廷内部斗争十分激烈。伊丽莎白女王执政已20余年，她身体健康，头脑清醒，办事果断，而且心狠手辣。伊丽莎白在英国一言九鼎，触怒女王与找死无异。

女王为了巩固自己的统治地位，下令把自己的政敌、同父异母的妹妹玛丽处死，彻底清除她对自己王位的威胁。

野心勃勃的王公大臣们，都殷勤地围在女王身旁献媚争宠，就连玛丽的儿子为了得到一个更好的职务，也是"宁要王位，不要母亲"。在当时的社会中生活，没有头脑心计和一定的冒险精神，谁也不敢轻易涉足宫廷。

尼古拉英年早逝，好处是自己免除了获罪杀身之险，遗憾的是没有为儿子安排一个俸禄优厚的官职。

尼古拉在世时，就看到了仕途的险恶，他想让儿子靠知识、技术安身立命，所以他让儿子在幼年时就拜五谷女神，做化学实验。但是，当时英国的社会风尚是贵族子弟必须在宫廷谋一个好职位。而且培根很小就进入了贵族子弟的社交圈，他不只是处处模仿宫廷大臣的言谈举止，还把当一位皇室重臣作为自己的奋斗目标。父亲去世后，仕途虽然在很大程度上被断绝，但培根并未就此放弃。

培根离开英国时还是个无忧无虑青年，几年后重回英国，他竟然变成一个爱伤感的人。他的头脑里充满了各种新的思想，这些东西影响了他的一生。也正是在法国王室，培根第一次接触到深奥的训诫，后来他将这些东西都融入"玫瑰十字会"的秘密活动之中。

"玫瑰十字会"组织历史悠久，据悉，至今在欧洲大陆一些古老贵族的后裔中仍有"玫瑰十字会"的成员存在。所有会员都将玫瑰与十字架的结合体视为自己的标志与符号。

玫瑰意味着秘密和保守秘密，这源自罗马神话，爱神阿弗洛狄忒将玫瑰送给了沉默之神。十字架在基督教中代表着死亡、痛苦及重生。

弗朗西斯·培根与阿格里斯、笛卡儿、高斯等科学、文学巨匠，都是"玫瑰十字会"的会员。

为了生存做律师

父亲尼古拉去世后，培根的地位顿时一落千丈。父亲在世的时候，他的任何物质需求都可以从父亲那里得到满足，从来不用为钱财操心。但是，父亲死后，培根立即失掉了丰厚的财源。原本过着奢华生活的培根，一下子感觉到了窘迫。

培根的政治地位在父亲去世后，也发生了很大的变化。父亲死后，原本对他很赏识和热情的一些人，再见到他时变得好像从来不认识一样。从此，培根结束了童话般的生活，初步感受到了世态炎凉。

出现反差如此之大的改变，一般人很难接受这样严酷的现实，但是培根经受住了这种考验。他顶住各种压力，适应了父亲去世后的生活，很快回到了自己喜爱的读书和研究中。他热心学问，胜过其他。

培根分得的那份遗产，都不够支付他日常的生活开支。他只能一边工作，一边学习和研究。培根根据自己的知识基础、自身条件和将来的前途，选择了律师职业。从事这一职业，不仅可以谋生，还可以从政。

1579 年 6 月，培根开始在葛莱学校里学习，住在原来父亲给他盖的几间房子里，在这里踏踏实实地学习法律。葛莱公会是英国一个著名的培养律师的场所，它不仅是一所法律学校，而且还承担着训练年轻贵族在艺术等领域成为拔尖人才的任务。

葛莱公会与林肯公会、内庙公会、中庙公会统称为"法庭公会"，系英国中古时期的四大律师公会。这四大公会大约起源于 12 世纪，至 14 世纪而大盛，最初为法律学校，招收学生，其后势力大增，凡从事律师职业者必出自四大公会之门。

在英国若想成为律师或法官，就必须先成为该公会的会员。培根一生都与葛莱公会有着密切的关系，就连葛莱公会的校园也是由培根设计的。不久，培根成了公会的重要会员之一。培根是以一个学生的身份开始对法律的学习和研究的。父亲留给他的遗产不够他作为学生所需，因此他不得不一边学习法律，一边寻找各种临时性的工作。

培根一再向他那些权势显赫的亲戚们发出恳求，请他们能够提携一下他，让他获得某种政治职位，以进入政治主流社会，从而使他在经济上没有后顾之忧。培根那些近于乞讨的信函，文笔优雅，文字充满活力，足以证明写信者的才华横溢，可是效果却是微乎其微。

尼古拉·培根在世时，有一位侯爵是约克府的常客，经常摸着培根的头对尼古拉说："这孩子真聪明，难怪女王夸奖他是'小掌玺大臣'。长大之后，肯定能做大官。"

有一次，这位侯爵还低着头在培根的耳边说："你爸爸公务太繁重，他顾不得管，或者不便于管的事儿，找我就成。"

如今求职成了培根最发愁的事，培根突然想起了这位侯爵的话，于是便去登门求见。第一天晚上，侯爵以"有客来访，请改日再来"为由推掉。第二天晚上，培根又去求见，侯爵夫人说："侯爵今晚宴请贵宾，你有什么事我可以转告他，免得你一次次白跑。"

培根恳切地说明了来意，夫人说："你在家等信儿吧！"

十多天过后，培根又去拜访，侯爵夫人从室内迎出来说道："侯爵为你这事托了许多人，都没有回话。你再托托别人看看，别只指望侯爵。"

曾经备受女王倚重的尼古拉·培根的儿子，突然从天上掉到了地上。有好几次，培根碰壁回来，晚上就一个人关在屋里痛哭一场。第二天吃过早饭，他又精神抖擞地出门，四处求人。此时，父亲过去的同僚、朋友们再不登他的家门了。这并不是因为尼古拉生前树了许多政敌，他诚实稳健，在女王眼里和诸位大臣中间，还是很有人缘的。

培根遭遇此状况，只是世态炎凉而已。

培根曾向当时的执政者、他的姨父博莱伯爵求官，而且以他的父亲尼古拉在世时的政绩而论，这种请求也不能说是冒昧的。但是，培根的请求没有发生任何效力。博莱父子对培根兄弟颇为嫉妒，所以根本就不想帮这个亲戚的忙。

培根后来之所以能同情穷人，并能理解穷人"把自己的脸贴在富人的窗玻璃上，偷看永远与自己无缘的纵情作乐"的辛酸心情，与他这段痛苦的经历密切相关。

培根决心振作起来，走出困境。考虑再三，培根觉得别无他途，只好专心攻读法律。培根在葛莱学校既学习法律，又研究他特别喜欢的哲学。艰难的生活，使培根初步尝到了生活的苦涩滋味。

虽然葛莱学校里到处充满了特权的氛围，身边还有许多年轻的贵族学生，但培根感觉一点儿也不快乐。

"生存还是毁灭，这是一个必须面对的问题。"这是发自心底的呐喊，但是有谁真正倾听过年轻的培根浸泡着泪水的内心独白呢？这呐喊声中蕴含着一种哀婉动人的东西，只有经历过这种痛苦的人，才能写出这样的句子。

在培根的生命中，出现过低潮时期。而此时正是他人生的最低潮。正是在这绝望的时刻，在这灵魂陷入痛苦的黑暗之夜，有种神秘的经历发生了。它帮助培根从忧郁的状态中走了出来，使他再一次找到了生活的目标。

一天夜里，培根独自一人待在葛莱学校自己的房间里，他在《圣经》里寻找着安慰。他经常这样做。他用手翻阅着"伟大的上帝的神圣话语"，很快找到了自己最喜爱的一段。这段文字出现在《圣经·箴言》之中：

> 上帝把一个东西隐藏起来，以显示自己的荣光。而国王们的义务则是把它找寻出来，才能获得荣光。

此时，培根觉得整个房间里的气氛都变了。培根突然醒悟了，他知道自己不是在孤军奋战。慰藉与希冀有如一股热流充满全身，起到了止痛的作用。他的活跃而富于创造力的头脑，马上又兴奋起来。

培根在葛莱学校经过3年的刻苦学习，1582年，他通过了考试，在葛莱公会取得了初级律师资格证。经过短暂的实习之后，培根被聘为律师，终于有了正式的职业。

这一年，21岁的培根，由一个恃才傲物的青年成长为一名稳健合格的律师。

不放弃伟大的志向

从 1582 年起，培根开业当律师，由于他具有渊博的知识和出色的辩才，很快就声名大振。他才气过人，著书立说，名气越来越大。培根在没有任何权贵提携的情况下，慢慢地向上爬着。但是，每上去一步都以耗去他多年的时间为代价。

1583 年，培根作为汤顿派的代表被选进了国会。他的选民们对他甚为喜爱，以致他在一次又一次的选举中胜出，得以连选连任。在论辩时，培根的辩论既简洁精练又生动活泼，堪称一位无须雄辩术的雄辩家。

培根在剑桥大学读书时，就十分崇拜苏格拉底。他那苏格拉底式的智慧，使他在法庭上常常妙语连珠，让对方毫无反驳之力，从而使自己为之辩护的一方获胜。

对此，与培根同时代的、著名的剧作家和诗人本·琼生曾说：

他的辩论简洁、有力、扼要，无人能比他说得更好，或者说他说话从不废话连篇，从不做老生常谈。他的演讲没有一段不蕴藏别具一格的魅力。

听众不敢咳嗽，不敢心不在焉，否则就要漏掉他的演讲。他的演说，也使他处于控制状态之中……

像他这样的驾驭听众情感的力量，再无第二人能够拥有了。唯恐他的话快说完，这是每个听众所担心的事情。

这样的演说家是多么令人嫉妒啊！

1586 年，培根当选为葛莱公会的首席会员之一。培根的才华逐渐被社会承认，在伦敦的上层社会圈子里，各种沙龙、舞会中，又开始出现他的身影。

培根这次步入上层社会，不再以大臣的公子的身份出现，而是以一个成熟的、优秀的律师和国会议员的身份出现在众人的面前。此时的培根仍然怀有忧虑，不是为职业，而是为自己的怀才不遇，为不能施展抱负而忧愁。他决心要出人头地，为了个人的尊严、为了家族的荣光，一定要取得事业上的成功。

家庭的经济负担沉重地压在培根的身上。亲戚朋友向他借钱，他自己没有钱也不会马上拒绝。他是那么的骄傲，宁可借债也要把钱转借给亲朋好友，以解别人的燃眉之急。培根拼命地工作，拼命地接案子，拼命地赚钱。他不惜"把自己卖掉"，也要维持自己和家人的体面生活。他内心有一种躁动的活力，使他一刻也不能停止。

培根的思维是细腻、周到的。由于他对许多问题持怀疑的态度，所以他显得和周围的人有些格格不入。尽管如此，培根并不孤独，他总是对自己的信仰矢志不渝。但是，现实生活又使培根发现：权势往往相信谎言与谗言，给予真理的敌人以丰厚的报酬。

在《论律师》一文中，培根说道：

> 为人打官司是伤天害理的事。虽然律师有时也可以主持正义，但律师承揽案件绝非出于对你的同情，而只是为了从你的官司中牟利。
>
> 有的人表示愿意出力帮助你，实际上却是别有用心，例如从你的案子中坐收渔人之利。而他自己的目的一旦达到，就会弃你于不顾了。
>
> 还有人之所以承揽一件案子，是为了使这个案子失败。他可能正是被你的对手所收买的。

　　如果由于感情的关系，律师不得不站在有罪一方的立场上时，他还不如劝两方和解，而不应当去诬陷诋毁有理的一方。

　　培根虽然在法律界很有名气，在国会中也得到连任，但是仍然不能出头。他在国会中所持的政治主张，简单说来，是一种"中庸主义"。培根主张在君权与民权之间，尤其在教派的纷争之间，要采取一种不偏不倚、宽容互让的办法。

　　对于这种政见，培根还发表过两篇文章，第一篇是发表于1585年的《时代的最伟大的产物》，主张对反对教会者予以宽容处置；第二篇发表于1589年。

　　当时，英国教会内外纷争激烈，这两篇文章就是针对当时的宗教之争发表的议论。在文章中，培根主张无论在教义的解释或刑罚的执行方面，都应当采取伸缩性较大的方法。

　　在这期间，培根已怀有改革人类知识的伟大志向，他在给财政大臣博莱的求职信中，第一次透露了他的志向：

　　我承认，我在默想着一个巨大的目的，犹如我有一些平常的公民的目的一样，因为我已经把一切知识当作我研究的领域。如果我能从这个领域里把两种游民清除出去，我认为我就能带来一些勤勉的观察、有根据的结论和有益处的发明与发现；这样，就是那个领域中最好的情况。

　　这个希望，不管是好奇心也好，天性也好，或者仁慈也好，已经深深印入我的心中而不能忘怀了。

　　此时，培根已经成熟了许多，他决心要把脱离实际、脱离自然的一切知识加以改革，他要将经验观察、事实依据、实践效果引入认识论。这就是后来培根提出来的"科学的伟大复兴"的重要目标,是他一生都为之奋斗的哲学志向。

马克思在概括培根的认识论时指出:

> 科学是实验的科学,科学的方法就在于用理性的方法去整理感性材料,归纳、分析、比较、观察和实验是理性方法和重要条件。

培根提出了实践在认识中的重要作用以及实践检验真理、实践决定科学价值的思想,这在当时是非常了不起的。

培根清楚地知道,"科学的伟大复兴"不是他一个人能完成的,这需要国家从财政、经济,甚至教育、科学制度等一系列环节上给予支持和帮助。

培根在多次给国王的献词里都谈到了这个问题,并呼吁国王给予支持和帮助。培根自己也为此活动,取得一些学术头衔,包括著名的伊顿公学的校长,以培养更多的人才。

正如培根所说:"我希望如果我在政府中能够升到尊贵的地位时,我就会有较大的权力,能动员更多的劳力和才智来促进我的工作。因为这些缘故,我就一方面努力学习政府工作,一方面又在廉耻和诚实许可的范围之内,尽量自荐于那些在政治上有力量的朋友们。"

因此,培根走上仕途,就成为一种必然。

选择友谊和忠诚

　　使人们宁愿相信谬误，而不愿热爱真理的原因，不仅由于探索真理是艰苦的，而且是由于谬误更能迎合人类某些恶劣的天性。

—— 培　根

为实现志向而历经坎坷

培根自幼所接受的教育、所受的影响，潜移默化地促使他要在仕途上极力争取，追求名利。正如他自己曾谈到的："由于我的出身和教育使我适于为国服务。"

除了物欲的驱使和满足虚荣心的需要之外，培根的确把追求尊贵的地位作为完成或改善自己科学工作的一个重要手段。

培根正是从亚里士多德的身上看到，在一个尊贵的位置上，能够支配较大的人力、物力对科学工作所具有的巨大作用。培根非常赞赏亚里士多德的《动物学》，认为它材料丰富、真实，没有什么虚妄和不实的东西。在培根看来，这本著作材料的翔实，得益于亚里士多德的身份和地位，他是亚历山大大帝的老师。

据普林尼说，亚历山大派遣自己的猎人、渔夫以及自己的园艺家，天天替亚里士多德收集他所需要的动植物标本，供亚里士多德作为研究之用。

据说，有一次亚里士多德竟可自由支配1000多人，去希腊本土及亚洲等地采集标本，并且终于在人类历史上破天荒地建立了一个规模庞大的动物园，它对亚里士多德的科学、哲学研究有着极大的助益。为求一个较高的职位，培根费尽了心智，拜托一切能够请托的人，求了一切能想到的熟人。

在实在没办法可想的情况下，培根就经常写文章，发表政见，为面对各种难题的女王出谋划策，以表达对女王的忠诚，显示自己超人的才华。

　　培根的第一次求官，是向他的姨母博莱夫人提出来的。姨母认为培根太傲气，想得不切实际，不愿意提供帮助。后来，培根的母亲安妮又亲自出面求姐姐，姐姐念及姐妹亲情，没有当即驳回，但也只是表面应酬，答应转告丈夫。然而，此后就再也没有下文了。

　　于是，培根就直接写信给他的姨父博莱伯爵，但博莱也以培根在行为上、性格上过于傲慢自大为由，而没有接受他的请求。

　　对此，培根特向博莱解释："自大与傲慢不是我的本性。"他说，别人对他的这种反映，是他们把他的诸如能言善辩等能力错看为"骄傲"。最终，博莱耐不住培根的不断请托，就替他谋得一个法院书记的候补职位。

　　1589年，培根成为法院候补书记。但是，这个薪俸不低、年收入达1600英镑的职位，要等原来在职的官员死了以后才能填补。培根一直等了20年，才得以继任。

　　在此期间，培根受了许多的诬蔑，就如同后来英国的另一文豪司克托一样。司克托也是在等了许多年之后，才补上一个法庭书记官的位置。这个候补的职位，对当时穷困的培根来说，毫无经济上的助益。对此，培根常说：这仿佛是他人的田产接壤着自己家的屋似的，虽能改善他的视野，却不能充满他的谷仓。

　　1591年，安东尼·培根从欧洲返回英国。他跟培根走得更近了。他们翻译希腊古典作品、历史图书，还翻译其他图书。有很多人帮助他们做这些事。培根写出一本又一本的论说文集，创作出一首又一首的诗歌，其写作速度令整个世界为之震惊。

　　最令人惊叹的是，全部翻译作品都被印刷出版了。由于是用英文印刷的，所以购买者主要集中在英国。因而这种图书的出版，不会带来多大的利润。

　　安东尼·培根一直是弟弟亲密的朋友，并对他的工作给予了支持。他想尽一切办法，使整个花费不至于弄到捉襟见肘的地步。为了达到他们的伟大目标，安东尼·培根变卖了他继承的大部分财产，有时也抵押一部分财产。他游走于欧洲大陆，试图与那些和他们有相同理念的人接触，请他们帮助实现宏伟计划。他们不仅要重塑英国，还要重塑整个世界。

但是，能筹到的资金实在是太少了。出版自己写的书需要钱啊！培根不敢用自己的真实姓名发表全部作品，他担心女王看到后会震怒。因此，他假扮成一个来自斯特拉特福镇的人。他需要更多的钱支撑下去。

1593 年，培根兄弟的所有经济来源几乎都枯竭了，只剩下安妮夫人这一个来源。安东尼·培根写信给她，请求她在一份非她签字不可的协议上签名，这样培根就能出卖一点他无权处理的财产。

安妮夫人不情愿地签了字，还写了一封表达不满的信给安东尼。她在信里这样写道：

> 你们两个现在一无所有了。对这种情况，我一点思想准备也没有。

从信中可以看出，安妮夫人已经表现出思维不太稳定的早期症状，这种症状最终导致她的精神完全崩溃。

培根兄弟开始欠债，并且越欠越多。到了 1599 年，弗朗西斯·培根就因为欠一个叫辛普森的金匠 300 英镑而遭到了逮捕。安东尼·培根出面进行调解，才使弟弟免除了牢狱之灾。本来，凭着良好的家世背景和自身出众的才华，培根足可以身居要职。但是他的才华引来了他的姨父博莱的妒忌，担心他会成为自己的儿子罗伯特·塞西尔潜在的对手。

罗伯特·塞西尔是米尔德·塞西尔夫人唯一存活下来的孩子，尽管不很出色，但深受父母的宠爱——也许是因为他的残疾吧！

罗伯特·塞西尔驼背，肩膀一边高一边低。人又长得非常瘦小，脸上总是缺少血色，人也显得比较冷漠。可他的头脑异常聪明，并因聪明地使用头脑而获得了成功。博莱和儿子罗伯特对培根的才华非常嫉妒，因而他有意从中作梗，阻挠、压制培根的发展。

此外，培根与博莱在政见上也有分歧，这就使得培根仕途上的上升更加艰难。

对此，在他们的生活都快要走到尽头时，弗朗西斯·培根曾说，他对罗伯特始终保持着高度的小心谨慎。他还不无恨意地说，罗伯特·塞西尔使他很多年都充满了最大的惋惜与痛苦。

1591 年，培根再次鼓起勇气，向姨父博莱公爵写了一封措辞优美、感情恳切的求职信，直接向他披露了自己的志向，并讲了自己急于谋职的理由。培根说"我年岁已经相当大了"，又"一向希望尽忠于女王陛下"，尽管"家道寒微，确实使我为难"，但我求职也不是"专以发财为目的"，而是想抓紧时间干点儿事情。

这时的培根已经成熟了很多，不再像少年时期那样一味地攻击亚里士多德的哲学。他把对亚里士多德的怀疑融入到改革一切脱离实际的知识中去了。培根在求职信中表露这个志向，是想表现自己不只是想谋求一个职位，而且是想利用这个职位，实现他那为人类改进知识的伟大抱负。

然而，培根能洞悉亚里士多德哲学的"无用"，却没能洞察现实生活中权贵们的虚伪和冷酷。

1592 年，培根在埃塞克斯为纪念女王诞辰所举办的庆祝晚会上，又发表了一篇精彩的演说，进一步具体地阐述了他要清除两种人：

　　　　学者的一切争论都未曾揭示出一个前人所不知的自然界的现象。

　　　　现在为大家所接受的自然哲学，不是希腊人的哲学，就是炼金术的哲学。希腊人的哲学以辞藻、炫耀、反驳、宗派、学派和争论为基础。炼金术的哲学以欺骗、传说和隐晦为基础。一个总在增加词汇，另一个总在增加黄金。

　　　　我们需要的不是这类哲学，而是人类的智力和事物的天性之间的愉快婚配。这个高贵的婚配会产生什么样的后代，那是不难想象的。

　　　　印刷术是一个粗浅的发明，枪炮是一件不大奥妙难测的东西，指南针是一个前人已知道一点儿的东西，可是这三样发明在我们的时代已经使世界有了多么大的变化！

　　博莱在看了培根写的求职信，又听了他在庆祝晚会上的讲话后，除了更加坚信培根是个狂妄之徒外，还认为培根这个人很执着、有野心。

　　博莱意识到，培根的革新是要搞乱固有的制度，他要清除的两种人，一是经院哲学家，一是炼金术士。这不仅是博莱所不能认可的，也是伊丽莎白女王所不能容许的。因为经院哲学统治着英国的社会意识形态，根本不允许怀疑和动摇；炼金术士更不允许清除，因为当时英国从大臣到女王，都热衷于炼金术。

　　财政大臣博莱正千方百计地聚敛钱财，以供给正与西班牙作战的英国海军舰队，他把筹集资金的希望寄托在炼金术上。

　　女王和博莱都清楚，英国因为财政拮据，正在推行向广大富有的臣民借债的政策；炼金术士最富，正是他们向英国政府提供源源不断的军费，而大部分军费又落入女王和各级军官的私囊。驱逐了炼金术士，无异于断绝自己的财路。然而这些内幕，年轻的培根并不知晓。

基于以上种种原因，博莱又委婉地拒绝了培根的求职请求。

特别需要指出的是，在女王诞辰庆祝晚会上，培根还献给女王一篇长文，题目是《培根先生颂扬学术》，文中写道：

> 人类统治万物的权力肯定是深藏在知识之中的。在知识里边蕴藏着许多东西，这些东西是帝王的财宝所不能买、他们的智慧所不能指挥的；他们的情报总得不到这些东西的信息，他们的海员和探险家也不能驶向这些东西的生长之地。
>
> 现在我们在议论中统治自然界，但是在需求中却受着自然的奴役。如果我们在发明方面能接受它的领导，那我们在行动上就可以支配它了。

在这里，培根指出，当时知识与工业的发展水平与科学技术水平脱节，现实中有许多新东西等待人们去发现，哲学家们却为一些毫无意义的事进行争论，弃有用的东西于不顾。这段话充分表现了培根崇尚知识、崇尚自然、崇尚发明的思想。

培根对这些看得非常深刻，这是他一生的基本思想，这些思想在他后来撰写的著作《伟大的复兴》一书中得到了充分的发挥。

要征服大自然、利用大自然，培根个人没有这么大的力量，他又得不到广大群众齐心协力的支持。所以，培根不惜在一切场合直接呼吁政府，请求国王支持他的事业，帮助他建立实验工场等。

培根在多次求职碰壁后，进行了认真的反思：或者选择哲学，保持贫困；或者一边从事律师工作，一边继续求职，多方谋求发展。

权衡再三，培根决定把两者结合起来，先靠法律填饱肚子，再用哲学滋养灵魂。于是，白天，培根是一个能干的律师；晚上，他是一个哲学研究者。

培根承担着双倍的工作与双倍的心理负担和压力。这使他的身体明显地衰弱下去，几乎病倒。

为了谋求职位，培根还拜见和写信给国务秘书弗朗西斯·沃辛汉，最后求助到埃塞克斯伯爵。埃塞克斯以无比的热情，向女王极力推荐他。

1593 年，首席检察长的位置空缺了，培根提出获得这个职位的请求。埃塞克斯支持他，同时他分别直接给女王、掌玺大臣、财政大臣写信恳求，甚至连培根的母亲安妮也为培根向博莱请求。可是，伊丽莎白女王以培根过于年轻和缺乏经验为由拒绝。实际上，培根的父亲尼古拉·培根当年任此职时，比培根此时的年龄还小 3 岁。

女王伊丽莎白知道培根有才华，那她为何不肯提携他呢？这是因为伊丽莎白为了对付西班牙，需要庞大的军费开支，曾要求国会增加津贴比例。培根在国会辩论时，站在民权方面对此持反对的态度。

培根说："穷人的地租不是土地所能生产出来的，通常都不可能当即交付那么多，绅士必须卖掉他们的镀金器皿，农民则要卖掉他们的铁壶。"培根认为，"现在要求增加巨额津贴，无疑是在民众的伤处再扎上一针"。

对此，女王极为愤慨，认为培根冒犯了她。过后，培根承认他"鲁莽和直率"，要求女王原谅。

培根还给博莱写了一封信，其实是有意写给女王看的。他在信中写道：

最近在国会的讲话，吐露的是我的良心和我对上帝和女王的责任的清偿。我的思想假如被人理解错了，那我自己也有很大的错，因为我的讲话最清楚地说明，我只管直率地讲，只想满足自己的良心，而没有考虑支配这些问题的政治和其他方面的利益。

最后，培根乞求博莱继续信任他，并使女王能接受他的"心灵的忠诚和质朴"，"饶恕一切，从而恢复女王陛下的恩宠"。然而，培根承认自己犯的错误仅仅是因为鲁莽和直率，而不是反对增加津贴行动本身及其所依据的事实，并且他拒绝撤回在国会的讲话。对此，女王一直耿耿于怀。

同时，博莱父子又从中挑拨，证实培根的"目无朝廷"，结果女王的不悦之感被煽动成了不息的怒火。

1594 年，培根在葛莱公会为庆祝圣诞节举行的狂欢活动中，又机智地采用了另一种方式，把自己的思想生动地陈述了一番。

培根在自编的话剧中，直接向一个虚拟的"幻想国的王子"发表了 6 篇演说。其中一个演说，竟直接呼吁王室支持他的事业，培根说："但愿陛下能运用智力中最好的和最纯洁的那部分，取得最无邪和最有价值的胜利——征服自然。为达到这个目的，谨向殿下建议做 4 项主要的事业。"

这 4 项事业是建立一个最完备、最广博的图书馆，建设一个大植物园，设立一个陈列室、一个实验室。建立植物园，以便观察自然；建立实验室，为实验性的研究准备条件。

培根就是这样狂热地追求知识复兴。这种崇尚知识和实验的思想，决定了培根的哲学思想与前人是截然不同的。

培根受"远大济世抱负"思想的支配，在为人类造福的高尚理想的驱使之下，把一切知识当作研究的领域，并透彻地研究古希腊哲学，立志改造旧的哲学，创建新的哲学体系。

但是，崇高的理想不是靠短时间的努力就可以实现的，当培根在科学领域一时没有取得突破性进展时，他又耐不住清贫和寂寞，羡慕一些人的锦衣玉食的生活，于是又卑躬屈膝地去托人追求官职。

亨利·托马斯在《大哲学家传记》中，辑录了培根的求职信中吹捧女王的一些语句：

> 陛下会发现，许多比我更受恩宠的人其实是不如我的……
>
> 请接受我为您仁慈的宠爱而奉献的感恩之情。
>
> 啊！陛下，我愿在您的身旁，永远为您祝福。
>
> 我的君主，您不会允许我对您的恩宠的期待付诸东流……
>
> 我愿做陛下的一枚棋子，任凭您高贵的手把我摆在何方……

这些近乎哀求的文字，使人难以相信这都是大哲学家培根亲手所写的。

培根一方面立志为人类服务，一方面又不停地寻找向上爬的阶梯。他既有宏伟的思想，又有个人享乐的奢望。培根在追求理想与追求世俗享乐的现实生活之间，陷入矛盾的泥淖中难以自拔。

整整 12 年过去之后，培根谋求职位的努力仍然付诸东流。他甚至写信威胁姨父博莱，声称自己将放弃律师职务，到剑桥去过学者的隐居生活。博莱见信后不为所动，依然冷冰冰地回绝了外甥的请求。

培根的人格是双重性的，他一方面志趣高远、目标明确，正在逐步成长为工业革命时期的思想巨人，思想界的先驱；另一方面他又不断专心致力于个人的奢望，追逐名利，追求世俗的高官厚禄。

在整个都铎王朝的统治结束之前，培根请求获得重用的企图不是被漠然搁置，就是被婉言拒绝，他只是在 1596 年受命为女王的私人特别法律顾问。这个官衔虽然名声不错，可是并没有多少实权，经济上也没有多少实惠。

事实上，培根与女王发生分歧，只是在一些具体政策上，他们的根本利益是一致的。培根这么做不是为了百姓，而是为了维护王国。因为贫穷正是作乱的原因，为了王国平安，不应该让百姓更加贫穷。

伏尔泰评价莎士比亚的话，也可以用于评价培根：

他的天才属于他个人，他的错误属于他的时代。

遭遇仕途和生活的打击

对培根来说，埃塞克斯伯爵是他一生中极为重要的人物之一。埃塞克斯伯爵比培根小 5 岁，他 1581 年在剑桥大学毕业后，于 1584 年年仅 17 岁时入宫为臣。

1585 年，埃塞克斯随伊丽莎白的宠臣莱斯特伯爵远征芬兰，并在祖特芬战役中立下了功勋。埃塞克斯以英俊著称，女王伊丽莎白很欣赏他，由此他便成了宫廷里的新宠臣。培根的哥哥安东尼就在埃塞克斯手下任职。

在伊丽莎白女王当政时期，最高统治核心有两个势均力敌的政治集团，一个是以财政大臣博莱父子为首，另一个则以年轻的伯爵埃塞克斯为首。

1591 年，当培根再三请求，官位始终得不到升迁之后，他最终明白是自己的姨父和表兄不但不肯帮忙，而且从中作梗。这使培根既悲伤又愤怒。

在一次宫廷舞会上，培根结识了比自己小的埃塞克斯伯爵。他敏锐地感觉到：这是一个可以改变自己命运的人。培根这时正处在双重的压力之下：出人头地、锦衣玉食的世俗愿望得不到满足，思想的升华、哲学问题的思考又很难突破。来自身心两方面的挫折，使培根感到不堪重负，一次次的谋职失败也使他非常痛苦。

培根在这时已彻底明白，在仕途上不能再指望自己的亲戚帮忙了，他迫切需要一个有钱有势的朋友的支持和帮助。这是培根和埃塞克斯结成亲密朋友的思想基础。他们两个人之间的友谊的很大一部分是互相利用，在交往中得到各自所需要的东西。

　　埃塞克斯为了保住自己的地位，特别需要一位足智多谋的年长者帮助他，在仕途发展中为他出谋划策。埃塞克斯发现培根聪明过人，所以对他格外器重。很快，两个人一拍即合，成了莫逆之交。

　　埃塞克斯关心发明、进步，爱好哲学。培根以他老道的机巧和天生的辩才赢得了伯爵的垂青。培根经常给埃塞克斯提一些有益的建议或忠告。埃塞克斯和培根之间产生了诚挚的友谊。

　　培根的机智和善辩才能，使他成为了埃塞克斯集团不可缺少的智囊人物。有一天，培根到埃塞克斯的府第做客。培根在详细地分析了英国当时的政治形势之后，对埃塞克斯说："就目前的情况来说，你完全可以战胜财政大臣博莱等人。不过你需要更加谦虚谨慎，继续取得女王的信任，万万不可犯一些小的过失，得罪女王。"

　　埃塞克斯非常自信地说："我和女王的关系非同一般，这你可以放心。"

　　培根说："那就好，我的爵爷。现在是您为国效劳的最佳时机，切莫错过。"

　　培根意识到，对埃塞克斯这样的人物，仅仅靠献殷勤、肉麻地吹捧是起不到作用的，还必须给予他实质性的、有助于壮大其政治力量的帮助才可以。

　　培根写信请哥哥安东尼从国外回来，兄弟两人密谋建立一个情报站，为埃塞克斯，最终也是为女王提供国外的政治情报，以帮助埃塞克斯在与政敌的斗争中获胜。安东尼出色地完成了这一任务，逐渐使埃塞克斯成为一个消息灵通和与国外有重要政治联系的政治家。

　　国外的各种情报，通过埃塞克斯源源不断地提供给伊丽莎白女王，使英国在与西班牙等欧洲大陆国家的政治和军事斗争中如鱼得水，英国的霸权地位得到了巩固，女王的威信也迅速地提高。

　　因此，女王对埃塞克斯更加信任，埃塞克斯成为大权在握的重臣，地位显赫，还进了枢密院。这对博莱政治集团来说，则是一个沉重的打击。

1593 年，埃塞克斯凭借伊丽莎白女王对自己的宠爱和自己的社会地位，曾多次对女王说："我发现您平时特别喜欢读一些小说作为消遣。"

女王说："不错，我尤其爱读优秀的拉丁文古典名著。"

埃塞克斯说："自己读太费眼力，如果找一个人来给您念，再加以分析不是更好吗？"

女王说："这个办法不错，不过有这样合适的人吗？"

埃塞克斯说："人倒有一个，您也认识，就是颇具才华的培根，他对拉丁文名著非常有研究。"女王听后，总是一笑，不予答复。

1594 年，总检察长职位空缺。埃塞克斯便在女王面前极力推荐培根出任。

女王笑笑，断然拒绝说："培根太年轻，担任这么重要的职位恐怕不合适吧！"

埃塞克斯认为女王的理由太荒唐，便说："我 17 岁入宫做官，20 岁就在宫廷内担任要职。32 岁的培根出任总检察长不算年轻了。"

女王面带愠色，她伸手从身边的公案上拿起一份奏折来看，不再理会埃塞克斯。

但是，埃塞克斯并不死心，他继续为培根奔波。许多人劝他不要白费劲，他不但不听，反而发脾气说："我利用我的权力、能力、势力和朋友关系，一定要让弗朗西斯·培根得到这个职位。我一定要达到这个目的！我拼命也要帮他争取到这个职位，谁要想从我手中为另外一个人夺走这个职位，那么，还不等他弄到手，我就要他付出代价！"

正当埃塞克斯为培根出任总检察长四处游说之时，女王下令："此事缓议。"

这是伊丽莎白女王处理棘手问题的惯用手法。当埃塞克斯厚着脸皮又向女王提及此事时，女王板着面孔，对他说："你回家休息去吧！"便把埃塞克斯撵出了皇宫。

培根在知道此事后，不禁长叹了一声，说："世界上还没有一个人受到过这样微妙的耻辱！"

从 1595 年培根写给埃塞克斯伯爵的信中可以看出，一开始培根对在政府里取得一个职位，并不十分热心。他经常挂在嘴边的一句话是，他在国家事务上，"更适合拿本书，而不是亲身参与"。

埃塞克斯直接请求女王时，所选的时机欠佳。因为培根刚在国会辩论给王室提供特殊津贴时，给了女王一个下马威。为了惩罚培根，女王拒绝见他。而没有觐见女王的人，在所有国务事情上都没有位置，他的事情就因此被搁置了下来，只好等埃塞克斯伯爵再次帮他请求。由于请求频繁，致使女王厌倦，女王命令埃塞克斯"谈别的问题"。

女王虽然宠爱埃塞克斯，但历来都极其小心地避免宠臣在政治上利用她的感情。而在国家事务上，女王对博莱更为信任，而博莱是不愿培根晋升的。

伊丽莎白女王在国家大事方面看得很远，如果把重臣的追随者都放在宫中，将会给王权造成极大的威胁，久而久之自己便会沦为傀偏。

在无可奈何之下，埃塞克斯为缓和培根求职不成的沮丧，1595年，埃塞克斯把他的一处价值 1800 镑的蒂凯汉庄园赠与培根。

埃塞克斯在给培根的信中说：

> 你倒霉地选择了我作为你的依靠。在我的事情上，你已花费了许多时间和精力。我希望你不会拒绝接受赠给你的这一块土地。

此时两人感情甚笃，伯爵的各种交际游乐，培根也常常被邀请参加，并且写过一本宫廷剧本作为宴乐之助。培根对于这种文艺表现出特殊的才能。后来，他又为葛莱公会写过两部戏，即《学问之宫》与《葛莱历史》。

1595 年，安东尼·培根搬进埃塞克斯大院与伯爵一起住。在欧洲时，安东尼一直很活跃地秘密收集情报。如果让他当埃塞克斯伯爵的外交秘书，那是非常适合的。

此时，原来的莱斯特大院已改名为埃塞克斯大院了，进进出出的都是间谍、特务、诗人、剧作家、朝臣和贵族，以及伯爵的亲戚朋友。这里简直就是一个小型的王室。于是，在国务大臣塞西尔的眼中，它成了一种威胁。于是，他很快就到女王那里去报信了。

埃塞克斯伯爵对女王有影响力，而且他在公众中也受到了欢迎。他只要骑马在街上走过，就会受到民众的热情欢呼。他一路走过，人们纷纷脱帽致意。他也风度翩翩地摘下自己的帽子回应人们的热情，并谦卑地弯腰致意。

对此情形，培根关心地提醒埃塞克斯伯爵说，要谨言慎行，不可太过张扬，因为女王不喜欢有太多的竞争者。但是埃塞克斯却依然故我，根本没有意识到危险已经产生了。

埃塞克斯伯爵再次求见女王，随后写信给弗朗西斯，说她的态度非常保守。无论埃塞克斯如何替培根说话，女王就是不予恩准。

没过多久，经过慎重考虑，伊丽莎白将总检察长的位置给了国务大臣塞西尔提出的人选爱德华·库克。库克的年龄比培根还要小 9 岁。此时，塞西尔已经成为培根的政治敌手，在以后的日子里他更是变本加厉。

埃塞克斯伯爵并不甘心就此失败，他继而为培根请求副检察长的职位。经过两年半的努力，副检察长的职位还是落到了别人的头上。

埃塞克斯对培根的请求总是有求必应。当埃塞克斯第二次率舰队远征西班牙途中之时，他接到培根的求助信称：案卷司司长职位空缺。埃塞克斯立即给掌管司法的三位大臣写信，力荐培根，但是最终还是毫无结果。

在埃塞克斯伯爵看来，这是女王对他的不留情面。他们退而求其次，开始争取大律师的职位。但女王已经开始很不耐烦了，她干脆拒绝了这个要求。

这使培根简直不能承受。他写信给埃塞克斯伯爵说："我不得不做出结论，没有任何人受到过如此不公的待遇。我的本质不可能充满恶意，但在上帝的帮助下，我将带上这份不公待遇，也带上太多光明正大的人以及值得我交往的人对鄙人的美好印象，和其他几个朋友一起远离政坛，隐入剑桥大学，做一辈子研究工作，深刻思考人生，永远不再回来。"

在收下埃塞克斯赠给自己的豪华庄园之后，培根想，明智的婚姻可以给他提供良好的机会，使他的失意得到补偿。

在培根的计划中，最缺的就是金钱上的支持。此时如能娶一位富家大小姐，也是一个不错的选择。想到结婚，培根心里感觉好了一些。因为他已经不年轻了，有个妻子陪伴，也不失为一件好事。他也曾说过，自己连个说话的人都没有。

培根从十几岁爱上法国公主，到决定彻底忘掉她，至今已过去许多年了。培根忘掉她的结果，就是把她的画像"挂到了记忆的墙上……"

此时，培根看上了威廉·海顿爵士的年轻遗孀贝蒂·塞西尔。从孩提时起，贝蒂就是培根的好朋友。她是威廉·塞西尔第一次婚姻所生儿子托马斯·塞西尔的女儿。

国务大臣一心想让自己的子孙通过联姻的方式，取得地位与财富，不惜给贝蒂选了一个老头当丈夫。这老头就是威廉·海顿爵士——终身未娶的王朝要臣斯多夫·海顿爵士的侄子和继承人。

贝蒂·塞西尔从小就是个迷人的小精灵，长大后更加妩媚动人。

培根 16 岁时，她才来到这个世界。但这个美丽动人的小妹妹，很早就在培根的心中留下了极好的印象。

培根与贝蒂一直保持着友谊，包括贝蒂结婚后的几年，友谊也不曾中断。她在 20 岁时成了寡妇。在培根眼中，她最适合做自己的妻子了。她不仅聪明、机智，还很漂亮，而且非常活泼。最重要的是，她现在相当富有。

当时，年轻妇女守寡，要一直等到摘掉悼夫头纱之后很长时间，才能谈婚论嫁。贝蒂的身边不乏追求者，她那幢气派的海顿大院里，有好几个豪华的大花园，离培根所在的葛莱学校只有几分钟的路程。

带着极大的期望，有一天，培根去拜访她，作为老朋友出现在她的面前。但最终，贝蒂拒绝了培根的求婚，而嫁给了爱德华·库克爵士。爱德华·库克是一位律师，他被女王任命为检察长。培根自嘲地耸了耸肩，他怎么也弄不明白这位贵妇人怎么会选择一个大家都不喜欢的老绅士。

贝蒂对这次婚姻显然并不满意。她拒绝公开向外界宣布此消息，并坚持秘密举行婚礼。她只让自己的父亲和一个见证者参加了婚礼仪式。婚礼是在晚上举行的。贝蒂宣称，自己绝对不取库克的姓氏，而保持原来海顿夫人的称呼。

其中的缘由是，罗伯特·塞西尔此时最得女王的宠爱，他一直信誓旦旦地要与培根作对。如果培根娶了贝蒂·塞西尔，那么，他就等于进了塞西尔家族的大门，这无疑会给罗伯特·塞西尔以很大的打击。罗伯特·塞西尔根本不可能让培根有任何机会得到侄女的财产。

如此一来，培根再次被塞西尔家族击败。为了发泄心中的苦闷，培根还写了一篇论非正义的文章。他故态复萌，纵欲挥霍，结果在 1598 年因负债问题被关进了监狱。后来又是埃塞克斯来解救他。

生活和仕途上的种种不顺利，并没有使培根停止在哲理方面的追求。他要把人类的精神从亚里士多德式的经院哲学的桎梏中解放出来。

锤炼充满智慧的文集

培根从青年时代起，就养成了一个良好的习惯，对生活中遇到的事情，总爱动脑子想想，一旦有所收获，便用"Essay"这种文体写成文章。

"Essay"一词，源于法语，是小品、随笔、论说文的意思。培根的这些小品，真实地记录了他对生活的观察、体验和感受。

1597年，培根的《论说文集》出版了。这是他的所有著作中最受广大读者欢迎的著作。

《论说文集》初版时只有10篇，即《论学问》、《论辞令》、《论礼仪》、《论从者与友人》、《论请托者》、《论消费》、《论养生》、《论荣华与名誉》、《论党派》、《论交涉》。培根觉得书太单薄了，后又添了一篇用拉丁文写的《宗教默思》进去。

在《论礼仪》中，培根写道：

要注意——在亲密的同伴之间应保持矜持，以免成被押犯。在地位较低的下属面前却不妨显得亲密，这样会备受尊重。事事都伸头的人是自轻自贱并惹人厌嫌的。好心助人时要让人感到这种帮助是出于对他的爱重，而并非你天性多情乐施。

表示一种赞同的时候，不要忘记还有保留——以表明这种赞同并非阿谀而是经过思考。即使对很能干的人，也不可过于恭维，否则难免被你的嫉妒者看作拍马屁。

在面临大事之际，不要过于计较形式。否则，将如所罗门所说的："看风者无法播种，看云者不得收获。"只有愚者才等待机会，而智者则造就机会。

总而言之，礼貌举止正好比人的穿衣——既不可太宽，也不可太紧。要讲究有余地，宽裕而不失大体，如此行动才能自如。

其中，"事事都伸头的人是自轻自贱并惹人厌嫌的"的意思是：什么事都要出头都要管的人是讨人嫌的，他们以为别人遇到什么事都需要帮助，可恰恰有时这对别人来说是多此一举，而且热心过度了。所以，有时人要给别人留一点儿自尊和空间，不要时时都以为别人需要你的乐善好施。

"看风者无法播种，看云者不得收获"，意思是：有时该做什么的时候就不要拘泥于一定的形式，因为这样反而会错过了恰当的时机。就像你根据风的倾向而选择播种的时间，根据云来选择收获的时间，这样一味地追求形式，而忽略了另一些主客观因素，便会得不偿失。所以人不要一直去等待上天所创造的机会，并且只知道去迎合它，而是要适当地去自己创造机会并找到适合的路。

在《论荣华与名誉》一文中，培根论述了取得荣华与名誉的途径，并对有作为的国君和朝臣划分了等级。这在当时堪称是看透世情之作。这么深刻的作品却出自一个青年之手，实在难得。

到了1612年的版本，《论说文集》中的文章增加到38篇。原先的那10篇文章全都做了修改，而且有几篇重新写过。另外附有一个残篇《论谣言》。书的扉页上印有赠辞：

谨以此书献给英格兰海军上将白金汉公爵

培根在赠辞中引用了所罗门的一句名言："英名常能流芳百世。"

他借颂扬白金汉公爵来表达自己的愿望，希望自己的著作能"流芳百世"、"远播大地"。因为这本《论说文集》是他"多年殚精竭虑"、"勤勉努力"的心血之作。

在这些形式短小、风格活泼的随笔小品中，培根讨论了题材相当广泛的人生问题。他以随笔的形式，分别讨论了真理、美、善、求知、家庭、婚姻等，并用一些精妙的格言警句，提炼和概括了丰富而深刻的生活哲理。

在这部《论说文集》中，有如下经典句子：

> 读史使人明智，读诗使人灵秀，数学使人周密，物理学使人深刻，伦理学使人庄重，逻辑与修辞使人善辩。

> 忍耐能使灵魂宁静。无论是谁，假如丧失忍耐，也就丧失了灵魂。人决不可像蜜蜂那样，把整个生命拼在对敌手的一蜇中。

> 就人来说，要慎听幼稚轻率者的献策。就事来说，要慎听那种过激的言论。

书中处处可见这样通俗易懂的好句子，充满着真知灼见，闪烁着智慧之光。

黑格尔曾经指出："培根拥有丰富的阅历、高度的想象、有力的机智、透彻的智慧，他的著作中充满最美妙、最聪明的议论，因此他的话常常被人家引为格言。"

培根总是把这本文集放在身边，并不断地增删修改。随着他人生经验的改变，他不得不改变他的观点，改变他在文章中所发的议论。《论请托者》、《论党派》、《论友谊》3篇曾做过多次重大的修改。

在《论请托者》中，培根写道：

> 私人的请托确使公益腐化。
>
> 请托者，他们只是一种妨害公务的毒药疠疫而已。

在《论党派》一文中，培根写道：

> 政治的艺术是超越党派的私利，而促进大家的共同利益。地位低的人有必要结党，以便形成政治的力量。而地位高的人却最好超越党争，保持中立。
>
> 一个党团的外部对手被打倒后，它自己内部却可能陷入纷争导致分裂。许多政治人物的作用需要借敌而自重，敌人一旦不存在，他们也就失去了政治上的存在意义。
>
> 两党相持之际，叛徒在对手一方最易得到重用。历史上党争激烈之时，往往是王权衰落的象征。

《论友谊》一篇，为了刊行的缘故，培根曾经完全重写。比如原来文章中的"世间有些人，他们的生活好像永远是在舞台上似的。这种生活对于别人是掩饰起来的，唯有自己可以明了。然而永远的掩饰是痛苦的，而一个只顾荣华、不顾天性的人可算是一个十足的奴才……"等诸多论述，在出第三版时被删掉了，又重新写了一遍。

在《论友谊》中，培根写道：

> 如果你把快乐告诉一个朋友，你将得到两个快乐；而如果你把忧愁向一个朋友倾吐，你将被分掉一半忧愁。这说明朋友是我们身边必不可少的一个角色，可以为我们的生活增添色彩。

在《论求知》中，培根又写道：

人的天性犹如野生的花草，求知学习好比修剪移栽。

培根是一个饱经仕途坎坷的人，因而在他的许多文章中，都流露了其中的辛酸。培根在《论高位》一文中，开篇就说道："身居高位者可谓三重之奴仆：君王或国家的奴仆、公众舆论的奴仆、职权职责的奴仆。因此不论其人身、行动、时间，皆无自由可言。"

"一切上挤高位的行动都像登一条迂回曲折的楼梯一样"。"欲登高位必须历尽艰辛，然世人偏愿吃苦头以求更大苦头；钻营有时不免失之卑劣，然世人偏以卑劣行径求得尊贵。在高位上留居是很难的，其退步或是覆亡，或者至少是声名狼藉——那是一件很可悲的事。"

培根在《论幸运》一文中颇为感慨地说："极端的忠君爱国者从来都不走运，而且也永远不会走运，因为当一个人毫不考虑自我的时候，他当然不会只顾走自己的道路。"

这篇文章写于1612年，这一年，培根曾向詹姆士一世请求国务大臣的职位而未成功。这段文字既是对自己忠君思想的表白，也是对詹姆士一世不任用自己而发的牢骚。

当培根知道自己多年得不到升迁，是由于姨父和表兄从中作梗时，他愤怒地写了《论残疾》一文，对表兄罗伯特·塞西尔的为人给以无情的揭露和抨击。因为罗伯特是个驼背，身材又很矮小，于是培根在文章开头就写道：

残疾者通常会向造物主实施报复。既然造物主对他们不公，他们对造物主也会不义。残疾人也可麻痹其竞争对手，因后者绝不会相信残疾人居然可能得到提升，直至他们目睹提升成为事实。因此，总的来说，一个大智者的生理缺陷可能成为他们升迁的有利因素。

培根认为残疾人有两类："一类是人类中最伟大的人物，而另一类是最坏的宵小之徒。"当然其表兄罗伯特就属于后者了。

《论说文集》的前后3个版本，忠实地记载了培根的一些思想的产生、形成、发展的过程，是研究培根特别是他的思想发展史不可多得的珍贵材料。

当时，英国的文章多思想散漫、语句繁华，因而《论说文集》的思想精密、语句简洁就成了少见的长处。在培根早期的论说中，语句干脆、含义饱满而措辞警策，往往一语道破，如《论学问》、《论请托者》。后来的文章里又有典雅从容、着色鲜明之作，如《论建筑》、《论园庭》。小小的一本集子，可谓集优秀散文之大成。

斯威顿称赞《论说文集》是划时代的名著。他指出，不少人的性格都受到了这本书的熏陶和指导。《论说文集》可说是少数"世界书"的一部，这种书不是为一国而作，而是为万国而作的；不是为一个时代，而是为一切时代而作的。在这本书里，极高的智力与变化无穷的兴趣和同情心合而为一，所以无论什么样的类型或脾气的人，都可以在这部书中找到与他有联系的东西。

黑格尔曾指出：

有很多有教养的人，对人们所关注的种种对象，如国事、人情、心灵、世界自然等，曾根据经验，根据一种有教养的阅历，发表过言论，进行过思考。

培根也就是这样一个有教养的阅世甚深的人。他见过大世面，处理过国务，亲手解决过现实问题，观察过各种人物、各种环境、各种关系，曾经影响过那些有教养的、深思的、甚至研究哲学的人。

在我们看来，这是培根的特色。他对人的研究要比对物的研究多得多。他的著作中虽然充满着最美妙、最聪明的言论，但是要理解其中的智慧，通常只需要付出很少的理性努力。因此他的话常常被人拿来当作格言。

这些言辞，正是对《论说文集》恰当而中肯的评论。正因为这样，人们才会认为假如培根没有留下别的著作，仅此一部文集，也会受到人们的感激。综览全集，可以发现培根所写的这些文章都是围绕着3个大题目：一是人与世界及人群的关系；二是人与自己的关系；三是人与上帝的关系。

第一类文章最大。属于这一类的文章，其论题是人与他的物质环境及人与人的关系。而后一种就构成社会的关系。代表这一类的文章有《论殖民》、《论父母与子女》、《论司法》等。

第二类文章是以个人的自身为主题的，内容多是一个人的智力与道德的种种关系。代表这一类的文章有《论养生》、《论学问》、《论野心》、《论荣华与名誉》等。

第三类文章的主题是人与上帝及非感官所及的世界的关系，代表文章有《论死亡》、《论宗教一统》、《论人性》等。

俗话说："文如其人。"培根曾写下这样一些富于哲理性的语句：

一个自身无德的人见别人有德必怀嫉妒。

行善事的能力是一个人的希冀的真实合法的目标，因为善意虽然是上帝接受的，而对于人则比好梦好不了多少，除非他是以行为表现出来。

过度的求权力的欲望使天使们堕落；过度的求知的欲望使人类堕落；但是为善的欲望是不会过度的。无论是人或天使，也不会因为它而冒危险的。

一个法官的主要任务是除灭暴力与奸诈。

谁也不可以愚蠢地认为公平的法律和真正的治术是不相伴的，因为这两方面就像一个人的精神和筋肉一样，是同时并行的。

思想中的疑心就好像鸟中的蝙蝠一样，永远是在黄昏中飞的。疑心使君王倾向于专制、丈夫倾向于嫉妒、智者倾向于寡断和忧郁。

从培根的《论说文集》中，可以看出他的人生观、价值观和世界观，可以感受到培根的爱憎，了解到他的性格特点。

培根在政治上倾向于保守，拥护王权，推崇君主政体，赞成中央集权。这些在他的《论说文集》中均得到了充分的反映。当培根千方百计地托人求官而不可得时，他就写文章为君王歌功颂德，为王朝出谋划策。

培根之所以这样做，一方面是表达自己对女王的忠诚，另一方面是展示自己的才华，以引起女王和当朝大臣们的注意。

培根一生写的这类文章很多，如《论帝王》、《论贵族》、《论宗教一统》、《论殖民》、《论司法》、《论党派》等，单是收入《论说文集》的就多达20篇，约占总数的1/3。在这些文章中，培根对女王的无限忠诚溢满字里行间。

培根在《论帝王》一文中，为帝王巩固政权谋划了许多对付各类人等的策略。如对待王公贵族，"对他们敬而远之并不为过。对贵族加以抑制虽可加强王权，但却会减少君王的高枕无忧，而且在实施其主张时也不那么随心所欲。"对商人，不要课以重税，因为"重税于君王的岁收好处甚微"，"从小处所得将会失于大处，原因是若各项税率增加，商贸的总量反会减少"。谈到军队，"防范之道是让兵无常帅、驻无常地，并不给赏赐"。

培根在《论叛乱》一文中，指出了许多造成叛乱的原因："宗教之改革、赋税之增减、法律之更新、惯例之变易、特权之废除、压迫之普遍、小人之重用、异族之入侵、供应之不足……"然后详细地论述了许多防止叛乱的措施。

最后，培根说："为了防止不测，君王身边应有一名或若干名骁勇大将，以备把叛乱镇压于起事之初；否则骚乱一起，朝中便会惊慌失措。"培根为君主巩固统治献出的这些韬略，并不是凭空臆造的，而是根据欧洲各国的历史教训和当时的政治状态总结出来的宝贵经验，有的还引用例证作为说明。

身为君王，读了这些文章应该有所触动，进而重视培根。但是，经过很长时间，女王和诸位大臣都没有任何反应。《论说文集》中的一些篇章，也反映了培根对真理的执着追求。无论在科学的研究或人际的交往上，他都是这样主张的：

> 一个人的心智若在仁爱中行动、在天意中休息、在真理的地轴上旋转，那可谓他已到了地上的天堂了。

培根的《论说文集》虽然不是鸿篇巨制，各篇文章之间也没有什么内在联系，但每篇文章都与他的生活和经历有关，每篇文章都是他生活经验的结晶，是他心血的结晶。从培根的《论说文集》中可看出培根具有多方面的才华。他的文章，篇篇具有丰富而深刻的思想、严密的逻辑、贴切的比喻和警示性的语言。

《论说文集》至今仍闪耀着智慧的光芒，使人们从中汲取思想营养，受到启迪。由于培根论述的问题是许多普通人都会遇到的，而培根分析得又是那么深入浅出、鞭辟入里，因而《论说文集》自然就成为了人们的生活教科书。

培根的《论说文集》是划时代的名著。世界上的许多国家，都用自己本民族的文字翻译了它。它的读者，随着人类的世代更替与日俱增。1985 年，培根的《论说文集》被美国公众评为"最喜爱的 10 本书"之一。

培根的《论说文集》之所以畅销不衰，受到不同时代、不同国度的读者的欢迎，绝非偶然。培根从小就受过良好的教育，才华出众且阅历深厚。培根见过大世面，处理过国务，亲手经办过许多复杂棘手的事情，曾亲历了各种环境，观察过各种人。

这些得天独厚的条件，促使培根写就了这本具有独特价值和持久魅力的《论说文集》。

在《论说文集》出版后不久，培根又出版了《神圣的沉思》、《关于善与恶》。1598 年，培根开始写《关于人类的生活》。接着，他写了《法学原理》，此书于 1602 年出版。

可以说，这段时期是培根事业的一个小高潮。但是，也就是在这个时期，培根与埃塞克斯的关系出现了问题。

为友谊鼎力帮助朋友

培根与埃塞克斯之间的关系在埃塞克斯叛乱前是情同手足、亲密无间的，只是在埃塞克斯因叛逆被监禁后，培根才不得已抛弃了他。培根同埃塞克斯之间始终保持着一定的距离。埃塞克斯一伙是一个有共同利益的政治集团，培根始终站在这个集团的外围，他没有进入这个集团的核心的意图。

对此，培根有自己的考虑。后来，培根在《论党派》中说："出身低微者在升迁途中须有党派依附，初时依附某党派者不可死心塌地，应使自己成为该党中最能为他党所容忍的成员，此举通常能铺就一条最佳仕途。"

这段话大概能表明培根与埃塞克斯结交的心迹。事实上，当培根与埃塞克斯密切往来时，他还不断给姨父博莱等人写信，以联络感情。

培根在接受埃塞克斯伯爵赠与的庄园之后，给埃塞克斯回了信，但是信中没有说任何感谢的话。他原本打算让女王看到该信。在信中，培根极力抹去私人的色彩，表明他接受伯爵的礼物，不是为了任何个人的事情，而是作为热切期望为女王服务、为了从事哲学事业的需要、为了公共的善。

在这封信里，培根强调他是公共的，是在公共的围墙之内的，暗示他不是依附于个人。在培根写的这封信中，有这样一段耐人寻味的话：

我的爵爷，看来我一定得效忠于你，接受你的礼物了。

但是，你知道在法律上效忠于你的方式吗？效忠人应当保留自己对君主和其他爵爷效忠的义务。

因此，我的爵爷，我可以像我过去那样忠于你，但必须保持我对君主和其他爵爷的古老义务。

而埃塞克斯则要求他的被保护人、被赞助人不仅感激他，而且要在他的政治围墙内服从他的政治事业。培根接受了赠与，却宣布自己是"独立"的，不是保护人的奴隶。

事实上，这也宣布了培根对埃塞克斯依赖的终结。从这以后，两人的关系渐渐疏远了。

1596 年，监护法院首席法官空缺，培根向女王提出希望得到这个官职。此时，埃塞克斯便不像以前那样热心支持培根了。

1597 年，《论说文集》第一版出版，培根没有把书题献给埃塞克斯，而是献给了在埃塞克斯手下任职的哥哥安东尼，这使安东尼感到非常不安。

培根在最好的年华，写出了当时看上去很不值得发表的作品。这是一本小册子，其中包括了他的 10 篇论说文。其他都是后来出版时补充进去的。所有论说文都献给他"可爱的哥哥"安东尼·培根先生。小册子很快受到读者的欢迎。

培根的笔触简洁明了，又极具实用性。书中的所有文章，都是培根在深刻思考人性的方方面面之后得出的结论，是一个人对自己的整个思想加以凝练的结果，所以文章都有"传神现场演说"的效果。此外，培根所使用的语言非常大众化，容易理解。

有评论家这样说道：

他把自己定为局外人，冷眼观看人生舞台上表演的各种闹剧，比表演者还更入木三分地看到了事物的本质。所以，他能给出更有智慧，也更令人信服的建议。当然，他在评论与建议时，也会对观察到的诸多人性中的错误做出善意的讽刺。

尽管如此，在埃塞克斯需要时，他仍会向培根征询意见，培根也会给伯爵恰当的建议和忠告。

1596 年的春天，埃塞克斯伯爵等来了一次可以再次证明自己的机会。西班牙人占领了加来港。当时，谣言四起，说西班牙菲利普国王要助爱尔兰人一臂之力，与英国人抗衡。这时，女王不得不宣布开战。埃塞克斯伯爵看到自己的机会来了，他咆哮着、恳求着，甚至恐吓着，他说如果伊丽莎白女王不同意打击西班牙，并把爱尔兰的反叛力量彻底打垮的话，他就准备成为一个僧侣。

女王被迫对这令人绝望的局势发表讲话。她任命埃塞克斯和海军上将霍华德为联合指挥官，并命令他们不要攻击加来港，而是直取西班牙的卡迪斯港。

瓦尔特·雷利爵士被任命为副总指挥官。最终，这次远征获得了巨大胜利。这主要得益于雷利的海上作战经验和准确的判断力。埃塞克斯也有一些功劳，他率领部队在自己的旗帜指引下，进行了陆路进攻。他胆大而极具勇气地完成了任务。

另外，他还命令部下善待俘虏，这为他在自己的部下和战败者中赢得了美名。他下令赦免了牧师和教会人士，并要求大家尊重修女，不许劫掠。这一切给埃塞克斯带来了极高的声望。

当英国海军的舰队开进卡迪斯港口时，旗舰鸣放了礼炮。埃塞克斯在甲板上检阅了部队。仪式结束后，埃塞克斯被欢呼胜利的战士们抬起来抛向了空中，兴奋的埃塞克斯把头上的帽子也抛到大海里去了。

海军上将霍华德写信给国务大臣说："我可以这样告诉你，在世界上，我没有见过比伯爵更勇敢的人了。"伊丽莎白作为女王的骄傲感，无疑从内心深处被激发出来，但也只是迸发了一小会儿而已。

埃塞克斯伯爵返回英国时，作为凯旋的英雄，他受到了非常热烈的欢迎。伦敦摆出一副历史上从未有过的阵势，士兵们骑着高头大马，沿路排开，夹道欢迎。埃塞克斯一路走来，得到了沿途人们热烈的掌声和真诚钦佩的目光。

宫廷里举行了盛大的庆祝宴会。全国各地的教堂都敲响了胜利的钟声，人们像过节一样穿着盛装，载歌载舞地庆祝胜利，入夜后又燃放起五颜六色的焰火。63岁的伊丽莎白女王感到无比的光荣和自豪。然而，女王是不允许任何人长久地成为公共舞台的中心的。而且，女王长久以来就为埃塞克斯这位宠臣的执拗和行为难以管束而苦恼不已。

一夜之间，埃塞克斯成了英国人民心目中的民族英雄。这时，埃塞克斯的权势达到了顶峰。他开始留胡须，他的部下将领也以蓄须为美。

培根透过其耀眼的光环，看出了其背后暗伏的种种险象。于是，培根给埃塞克斯写了一封长信，客观地分析了当时的形势，表明了自己的忧虑，给伯爵指出可能出现的危险，以及避免这些危险的方法。

培根劝告埃塞克斯说，要赢得女王，不仅是在开始之时，而且要在整个过程中，这不仅依靠于感情的维系，还应在涵养上与女王的智慧相一致、相适应。

埃塞克斯为人热情慷慨，争强好胜，爱出风头。他不是一个高明的、成熟的政治家和军事家。作为政治家，他胸无城府，容易意气用事；作为军事家，他有勇无谋，缺乏战略头脑。

埃塞克斯在读过培根写给他的信之后，颇不以为然，依然我行我素。培根实在放心不下，便登门以老朋友的身份劝他说："在万事如意的情况下，您应该更加谦虚谨慎。您应该明白，您的命运掌握在女王手里，您的权势、荣誉都取决于女王，她可以给予您一切，也可以剥夺您的一切。"

埃塞克斯说："就目前的情况来看，女王如果抛开我，谁给她带兵打仗？"

培根说："危险也正在这里。您还感觉不到，女王最怕您拥兵自重、居功自傲。您应该诚恳地向女王表明心迹，表示自己无限忠诚于她，以解除女王的疑虑，让她对您非常放心。"

埃塞克斯说："女王正在用人之际，度量还不至于如此狭小。"

培根说："伯爵阁下，您不要太热衷于带兵打仗。女王不希望经常对外用兵，因为这要花许多钱。"

埃塞克斯说："打仗哪有不花钱的道理？这次打败了西班牙，我看女王就十分高兴。"

培根见埃塞克斯如此固执，听不进一句劝告，就只好说："我可能有些过虑，没事就好。"说完便告辞了。

培根对埃塞克斯的劝告，就是让伯爵采取韬光养晦的策略，用比以往更加的恭顺博得女王长期的信任和宠爱。

为此，培根还特别嘱咐不拘小节的埃塞克斯多注意小事，在言谈举止、服饰、姿态等诸多细节方面一定要加以小心。然而，伯爵不听忠告，依然恃宠而骄。埃塞克斯的性格属于让人难以驾驭的那一类。

伊丽莎白女王不会让伯爵的兵权越来越大、在群众中的威望越来越高。因此，女王对埃塞克斯的态度渐渐趋于冷淡了。埃塞克斯尽管怀着感激的心情，反复思考了培根善意的劝告，但他那急于立功受赏的心情，还是促使他积极地做着第二次远征西班牙的准备。

1596 年年末，埃塞克斯反复向女王陈述了第二次远征西班牙的必要，他说："今年夏天我们已消灭了西班牙的海军主力，他们已经成了惊弓之鸟，只要我们乘胜追击，不给他们喘息的时间，消灭西班牙指日可待。"

女王思忖片刻，问道："我们的战舰装备改进得怎么样了？"

埃塞克斯回答说："我们的舰队从西班牙凯旋后，就不停地加紧制造舰船，现有的舰只数量已大大超过了西班牙。"

女王又问："我们的兵员补充如何？"

埃塞克斯说："自从上次打了大胜仗，全军将士斗志昂扬。回到国内，许多热血青年争先恐后地参军入伍。在很短的时间内，海军补充了大批新生力量。"

女王又问："我们的军费筹集得如何？"

埃塞克斯说："近些年我们对外贸易开展得很好，筹集到的军饷比第一次远征时还要多。"

女王想了想，说："待我与其他大臣商议一下再定吧！"

女王在埃塞克斯伯爵的反复请求下，又召集财政大臣博莱等人慎重研究，最后勉强同意埃塞克斯任远征军统帅，率领整个英国舰队，倾巢出动去攻打西班牙的亚速尔群岛。因为这里是英国到西非、南美的重要交通枢纽。

这次远征，天时非常不利，当埃塞克斯向亚速尔群岛发起攻击的时候，东南风大作，波涛汹涌。英国新补充的许多海军士兵，由于没有经过海战的洗礼和训练，在战舰上颠簸得站立不住，头晕目眩，呕吐不止。再加上饮食不当，很多士兵病倒了。

但是埃塞克斯急于取胜，指挥不当，英国舰队始终不能靠岸，最后无功而返，白白耗费了大量的军费。攻击西班牙失利后，女王对埃塞克斯特别生气，致使两个人的关系从此开始疏远。

1597 年春，英国驻北爱尔兰的总督病逝，蒂龙发动叛乱并控制了北爱尔兰。埃塞克斯很想亲率大军出征，或命令自己的部下出征北爱尔兰，以弥补远征西班牙失败的过失。

埃塞克斯就此想法向培根征询意见。培根清楚地看到，蒂龙伯爵足智多谋、骁勇善战，特别善长打游击战，很不好对付。女王取胜不易，和平很难持续。

而且，培根看到女王这次出征的意图完全是为了征服和占有，这是会受到非议的。因此，培根劝埃塞克斯不要参与此事，最好留在英国。

女王下定决心远征爱尔兰，于是在枢密院里展开了一场关于谁来统率远征军的争吵。这时谁都知道，谁去统率，谁的声望就会受到损害，落得身败名裂的下场。因此，谁都不愿意去，都想把事情推给别人。

当时，埃塞克斯怀疑博莱一心想派他去，让他在镇压蒂龙的起义中覆没。因此，埃塞克斯提名博莱的朋友佐治·卡里作为统帅的合适人选，而博莱则提名埃塞克斯的叔叔威廉·诺利思。

会上的争吵越来越激烈，女王对此十分恼怒。而埃塞克斯在会上又傲慢专横，不断地盘问、取笑，动怒的女王忍无可忍，喝令他退出会场。

埃塞克斯伯爵居然做出了令人大吃一惊的举动。女王拒绝了他的提名，他一肚子怒火无处发泄，他突然一转身，把后背给了女王陛下。

将自己的后背留给统治者，这在任何王室里都是绝对不允许的，也是犯大忌的。在伊丽莎白看来，这几乎等于犯了谋反大罪。她一下子说出了一大堆诅咒的话，狠狠地抽了他一个耳光。埃塞克斯伯爵也狂暴地撒起野来，他猛地拔出剑，怒目而视，盯着伊丽莎白女王。他狂叫着说，自己绝对不能忍受她的欺负，甚至她父亲的欺侮。

伊丽莎白一下子愣在了那里，几乎处于震惊的状态，她盯了埃塞克斯良久。这时，诺丁汉伯爵疯狂地从外面闯了进来，把埃塞克斯的剑夺走了。

这场面太令人震惊了。整个会场所有人连大气都不敢出地等着女王的发落。大家暗自思忖，埃塞克斯伯爵的脑袋会不会搬家，与那些叛乱者一起高悬在伦敦桥上？还是仅仅被送到伦敦塔里囚禁起来？他已经把剑抽出来了，这就是犯了谋反罪，她会做出怎样的决定呢？

然而，被冒犯的女王的反应令所有人震惊。伊丽莎白女王什么也没有做，她只是淡淡地打理着王室里的日常工作。她让埃塞克斯伯爵根据自己的意愿，到乡村住处好好休息。

几个月过去了，老国务大臣塞西尔为国家的诸多公开与秘密的事情所缠绕，越来越感到力不从心了。此外又有太多在他看来根本没有办法解决的问题困扰着他，于是，他病倒了，悄悄地从人们的视线中消失了。

伊丽莎白为失去这位老臣感到万分的沮丧。塞西尔为女王效力40多年了，虽说彼此间也有很多意见相左的时候，但他们都能克服困难，一路走来。此时，英国在世界大环境中，处于历史上最辉煌的时期。尽管伊丽莎白个人生活有很多瑕疵，但在世界上，她自信能使这个岛国屹立于蓝海之上而受到尊重。

塞西尔一直为女王尽心尽力服务。他在女王的带领下，和她一起走了这么远，当女王陛下坐到老人的床边，亲自喂他肉汤时，自己也禁不住流下了泪水。

目睹女王与埃塞克斯发生冲突的掌玺大臣、大法官伊杰顿，过后曾写信给埃塞克斯进行规劝，他说："屈服吧！让政治、责任、宗教强迫你屈服，服从你的统治者，在她和你之间很难有平行的责任。"

而埃塞克斯则回答说："在这种状况下，我必须诉诸尘世的所有审判者，虽然我不能制止我的衰运的降临，但我却可以制止我心灵的卑劣。"此后，埃塞克斯与女王伊丽莎白的关系急剧恶化。

最终，女王决定派埃塞克斯率领远征军进入爱尔兰。在埃塞克斯出发前，培根给他写了封信，鼓励他说，如果战役成功的话，他会获得荣誉及值得希冀的结果，并且指出这是修补他和女王关系的好机会。

培根建议埃塞克斯在整个行动中，要记住贡献比名声更有价值；在对待跟女王的关系上，要记住服从比供奉更好。

1599年3月，埃塞克斯率领着16000名步兵、1500名骑兵出发了。在作战中，埃塞克斯指挥失当，致使英军节节败退。战役在两个月后结束，此时埃塞克斯手里的军队一共只剩下4000人了。

1599年9月7日，这一天是女王66岁的诞辰。埃塞克斯伯爵终于率一小部分军队与叛军首领蒂龙会面了。

蒂龙要求与埃塞克斯单独会面，双方约定骑在马上，在一个叫作伯拉克林河的河边见面。大约有两个小时的时间，他们坐在各自的马背上谈判。埃塞克斯同意了一些条件，这意味着英国军队几乎等于投降了。

两人在近旁没有一个证人的情况下进行这样的谈判，这对伯爵而言，绝对是一个卖国行为。

当最后防线崩溃的消息传到伦敦时，女王陛下简直气坏了。埃塞克斯给女王造成了军事上的失败，把她的军队、金钱和她最好的亲信都给损失掉了。

在伦敦，已经有人指控伯爵篡夺权力，想借助蒂龙的势力，封自己为国王。甚至有人说他妄图带领那帮野蛮的爱尔兰叛军入侵英国，推翻女王的政权。

伊丽莎白女王立即给埃塞克斯接连送去两个急件，要求他复信解释他的行为，并撤销过去答应他的在其希望时就可回来的承诺，明令禁止其离开爱尔兰。埃塞克斯接到命令却并不理会，9月24日，他在爱尔兰纠集了一帮部下，把大部队丢在身后，也把责任放到一边，率领他们向英国奔来。9月28日，埃塞克斯抵达英国。

当埃塞克斯拖着疲惫的身体，愤怒地从海边一路奔到伦敦时，女王并不在皇宫里。她搬到了离皇宫10000米远的南沙渠行宫。一种挫败感不禁在心中闪现，埃塞克斯伯爵犹豫了片刻，但很快又重整旗鼓，跨过泰晤士河，朝南沙渠行宫飞奔而去。

到达行宫之后，埃塞克斯已经满身泥泞、衣衫不整了。他推开把守的卫兵和女侍，冲进宫里。女王答应稍后召见他。到了晚上，枢密院又来了好几个人，他们与女王和埃塞克斯伯爵一起来到一间很隐秘的房间商谈事情。

埃塞克斯没有办法为自己的行为做出圆满的解释。准确地说，他回来13个小时后，就被软禁了。

1599年9月，埃塞克斯刚被拘留时，有一个委员会以"不服从女王命令"的罪名要求起诉埃塞克斯。

培根知道后，尽全力营救埃塞克斯伯爵，并希望女王能原谅他。他提醒女王，陛下以前曾经许诺要努力改变伯爵，而不是毁掉他。"您一定要明察，"培根这样写信给女王，"伯爵是想一心一意地为您效忠。他好像生来就是这样思考的。"

1600年6月，又有一个委员会，打算以"漠视军事命令，擅自调动军队"的罪名控告埃塞克斯。此时，培根又以女王特别法律顾问的名义，在控诉状提交之前，为埃塞克斯开脱说："伯爵不服从女王的命令，只是一个宠臣的任性、狂妄而已，还不能看作对女王的反叛和不忠。"

女王对培根再三地替埃塞克斯求情越来越感到恼怒，她甚至开始冷眼看待培根了。

不过，女王最终还是允许埃塞克斯离开约克大院，回到自己的埃塞克斯庄园继续被软禁。他的家人和朋友都被清除出去了，甚至埃塞克斯夫人也不例外。

她在6个月前，刚为伯爵生了个女儿。现在如果她想探视丈夫，也得先征得女王的同意才行。

埃塞克斯被释放后的第二个月，即1600年7月20日，培根给埃塞克斯写了一封长信，说他一直感到遗憾，并告诫他说："阁下，你用蜡翼飞行，应疑惧伊卡鲁斯的命运。"伊卡鲁斯是希腊神话里的人物，传说他用蜡翼高翔空中，飞近太阳时蜡翼融化，坠海而死。

培根规劝埃塞克斯说："应用自己具有的、已成长了的羽翼。"在信中，培根明确表示了他对女王、国家、伯爵三者关系的态度。

他说："我首先要赞美，以及我一心要做的就是做女王良好的真正的仆人，其次就是要做一个最诚实的人……我自认为我爱某些东西甚于阁下，如为女王服务；女王的恬静、知足、荣誉、宠爱以及我的国家的利益等。"

同时，培根也明确表示了他对伯爵的友情，他说："然而，我很少爱他人胜过于你，这既是感恩的缘故，也是因为你的既不因为偶发事件或他人的坏话而损害了的德行。我这方面的美好感情，无论在过去和现在，我都准备用任何的帮忙予以证明。"培根在这封信里表示的态度是真诚的。

为了减轻埃塞克斯的罪责，培根甚至伪造了他哥哥安东尼和埃塞克斯之间的通信作为证据，呈示给伊丽莎白女王，证明埃塞克斯对女王的献身和忠诚，同时也证明女王对埃塞克斯恼怒的那些公众舆论都是埃塞克斯在宫廷的敌人有意散布的。

埃塞克斯在后来接受审判时，还曾用这些信来为自己辩护。从培根给伯爵去的信，以及那些需要以培根自身的荣誉来做赌注的"帮助"来看，当时，培根与埃塞克斯之间的关系虽已不像从前那么亲密，但是友情仍在。可以说，培根做了一个朋友和一个报恩者该做的一切。

为了维护国家利益

埃塞克斯伯爵深信他在国内的敌人要置他于死地，同时还认为博莱要让西班牙公主作为伊丽莎白的继承人，因伊丽莎白终身未婚。

因此，当埃塞克斯还在爱尔兰的时候，就已经着手进行外结苏格兰、爱尔兰，内结天主教派谋反的活动。他与苏格兰的詹姆士六世开始通信，支持他继承伊丽莎白的英格兰王位。他还与天主教联系，答应予以宽容对待，以争取天主教派的支持。

1600年9月，埃塞克斯的一项甜酒专利延长期限的申请被女王拒绝了，而此时的埃塞克斯正处于经济崩溃、身负重债之中，本来就气愤不已的埃塞克斯此时更是暴怒如狂。他大声呵责女王的易变，大骂枢密院成员把他当作敌人图谋杀害，又骂博莱要让西班牙公主继承伊丽莎白的王位。这个事件使其谋反之心更为坚定，同时也加速了策划活动的进行。

早在8月初，埃塞克斯的追随者们已在他家举行过秘密会议，商讨了行动的大体计划：首先是活捉女王，直至由埃塞克斯挑选的政府官员得到任命，女王都将处于被监禁状态。其次是联络伦敦的中心区，煽动支持反叛。

1601年1月7日，枢密院要求埃塞克斯提供在其住宅中举行集会的解释，而埃塞克斯则声称生病，拒绝前去。当晚，即有300名武装追随者集合在埃塞克斯的家里。

第二天，当掌玺大臣伊杰顿在3个贵族的陪伴下到埃塞克斯家中正式要求他对集会加以解释时，他们4人即被作为人质拘禁。

埃塞克斯大踏步地迈出大门，朝城中走去，身后跟着三四百个疯狂的追随者。此时，王宫早已加强了戒备，调来了军队。双方接火没多久，叛乱者就开始退却了。埃塞克斯立即带领叛乱者转向伦敦中心区，想发警报争取市民们的支持，谁知警报器不响。

女王的臣民们虽然喜欢勇敢的埃塞克斯伯爵，但大多数人还是对女王陛下保持着忠心。伯爵在城里的街道上走着，脸因激动而变得通红，浑身流着汗。他边走边大声地呼喊着："女王陷害了我！女王陷害了我！有人阴谋想杀我！"人们都躲到自己的房子里，无声地看着他从街上走过。

埃塞克斯满心期望得到众人的支持，他把赌注押在了人们对女王是否忠诚上面。结果他输了。没有民众的支持，整个叛乱行动一下子就垮掉了！他绝望地往回走，但这时他却发现，所有的街道都给堵死了。于是，埃塞克斯沿着河边走，找到一艘船，由水路进了自己的家。

此时，被关押的 4 个高官已经被放了。埃塞克斯快速走进房间，来到火炉前，把自己的日记和两箱子东西都给烧了。然后，等着有人来捉拿他。

埃塞克斯这次亲自率领数百名武装人员攻打王宫，早已超出了"私人争吵"的范围，而成了名副其实的、有组织、有计划的谋反行动。任何人也无法再为他开脱了。

1601 年 1 月 18 日，在威斯敏斯特教堂的大厅里，开始审判埃塞克斯伯爵及其同党南安普敦伯爵。伊丽莎白强迫培根以检察官的身份，与首席检察官爱德华·库克一起作为起诉人，代表王室在审判席上对好友埃塞克斯进行指控。而培根根本没有办法拒绝这一命令。这对根本没有参与密谋的培根来说，无疑是一种痛苦的惩罚。

培根说，他无力应付这尴尬的场面。他甚至想要结束自己的性命，以避免出现在审判席上。

培根曾提醒埃塞克斯，要他"承认自己有过不正当的行为"。他知道，如果伯爵表现出谦卑与懊悔，女王会让步的。但埃塞克斯伯爵坚持认为自己的行为是正确的。因此，这一切就都完了。

埃塞克斯两次受审，培根都出席了。当培根知道埃塞克斯的上述活动后，即认为埃塞克斯是有目的、有组织的谋反，他决定不再给埃塞克斯任何形式的帮助。相反，在第二次审判埃塞克斯时，培根还积极为王室辩护。

在法庭辩论过程中，埃塞克斯举出了许多理由，把自己的谋反说成是私人争吵和以请愿方式哀求女王，是可以原谅的行为。

培根当即站起来予以驳斥说："我还没有在任何案件中看见过把这样的恩惠给予任何犯人：这么多的题外话，这样支离破碎地提出证据，以及对这样重大的罪恶昭彰的案件用这样空洞的话来辩护。"

培根还反问道："有武装的请愿者吗？有以君王失去自由为前提的请愿吗？秘密地商议，用武力加以贯彻，这做何解释？掌玺大臣作为使者的告诫都无效，仍然坚持到底，任何头脑简单的人都会把这看作叛逆的！"

审判结束，最后宣布：埃塞克斯伯爵和南安普敦伯爵有罪，并处以极刑，于谋反后的第 17 天，即 1601 年 2 月 25 日被处决。

在最后的日子里，埃塞克斯伯爵请求给自己找个牧师来。艾伯迪·阿斯顿牧师是埃塞克斯的传教士，另外还有 3 个由枢密院选派的人过来听他忏悔。这时，那几个人被埃塞克斯骂了个狗血淋头，说他们成了政府的工具。据说，阿斯顿牧师当时的表情很难看，充满了恐惧。不过，他是个唯利是图的小人。

埃塞克斯的结局很悲惨，他被剥夺了请牧师为他的灵魂做最后安慰的权利。那些嫉妒他的敌人想方设法剥夺伯爵的名誉权和贵族权利。他们希望他不是作为烈士和民众心目中的英雄而死，而是希望人们认为埃塞克斯背叛了他的朋友、背叛了他的国家，他是个伪君子，在死亡面前，他怯懦了。

在塔楼前的绿地上，埃塞克斯将被处决。临刑时，他穿着一件深红色的内衣，外面套一件黑色的衣服。埃塞克斯站到断头台前，头高昂着。行刑者在埃塞克斯一遍遍地诵读《圣经·诗篇》第 51 篇时，手起刀落！此时，埃塞克斯年仅 34 岁。

行刑者执行任务后，高声喊了一句："天佑女王！"在回家的路上，行刑者不得不躲避开暴徒的袭击，那些人因为自己心目中的英雄被斩首而愤怒不已。

在埃塞克斯伏法后，培根又奉命起草了埃塞克斯的罪状。从此，培根在埃塞克斯问题上的行为受到人们严厉的非难。不少人谴责培根"忘恩负义"，指责他缺乏"伦理感情"、缺乏"道义感"、缺乏"荣誉感"。

麦考莱说培根是"人世间最聪明而又最卑鄙的人"。黑格尔认为培根这样做是犯了忘恩负义的极大罪恶，玷污了自己的名誉。但也有人持不同的看法，以司佩丁为代表的不少人就对培根的这一做法给予了肯定。

罗素在他的《西方哲学史》中写道："把培根描写成一个忘恩负义的大恶棍，这十分不公正。他在埃塞克斯忠君期间与他共事，但是在继续对他忠诚就构成叛逆的时候抛弃了他。在这点上，他并没有丝毫，甚至让当时最严厉的道德家可指责的地方。"

罗素对培根的评价是科学的、公允的。针对埃塞克斯对培根的深情厚谊和培根在法庭上对待埃塞克斯的态度，人们应该从时代、社会复杂的关系中看待培根的行为。

培根是一位极重友情的人，这从他写的《论友谊》一文中就可看出。

培根说：

人生是有限的。有多少事情人来不及做完就死去了。但一位知心的挚友，却能承担你所未做完的事。因此一个好朋友实际上使你获得了又一次生命。

人生中又有多少事，是一个人由自己出面所不便去办的。比如人为了避免自夸之嫌，因此很难由自己讲述自己的功绩。

人的自尊心使人在许多情况下无法低首下心地去恳求别人。但是如果有一个可靠而忠实的朋友，这些事就都可以很妥当地办到。

又比如，在儿子面前，你要保持父亲的身份；在妻子面前，你要考虑丈夫的脸面；在仇敌面前，你要维护自己的尊严。但一个作为第三者的朋友，就可以全然不计较这一切而就事论事，实事求是地替你出面主持公道。

由此可见，友谊对人生是何等重要。它的好处简直是无穷无尽的。总而言之，当一个人面临危难的时候，如果他平生没有任何可信托的朋友，那么我只能告诉他一句话——那就自认倒霉好了！

培根也是一个崇尚道德的人，在《论善》一文中，培根说：

善的天性有很多特征。对于一个善人，我们可以由此去认识他。如果一个人对外邦人也能温和有礼，那么他就可以被称作一个"世界的公民"——他的心与五洲四海是相通的。

如果他对其他人的痛苦不幸有同情之心，那他的心必定十分美好，犹如那能流出汁液为人治伤痛的珍贵树木——宁可自己受伤害也要帮助别人。

如果他能原谅和宽容别人的冒犯，就证明他的心灵乃是超越于一切伤害之上的。如果他并不轻视别人对他的微小帮助，那就证明他更重视的乃是人心而不是钱财。

最后，如果一个人能像《圣经》中的圣保罗那样，肯为了兄弟们的得救甚至敢于忍受神的诅咒——甚至不怕被逐出天国；那么他就必定超越了凡世，而具有主耶稣的品格了。

过度的求权力的欲望使天使们堕落，过度的求知的欲望使人类堕落；但是为善的欲望是不会过度的。

事实上，要找到培根对朋友不忠、恩将仇报的事是很难的。培根对人总是非常宽厚。培根经常住在葛莱公会的寓所里，由于他平常待人宽厚礼让，所以深受公会中的教师和绅士们的敬重。凡是与培根共过事的人，无论是他的同僚还是他的下属，很少有对他不满意的。培根即使是对待罪犯，态度也是很好的。

埃塞克斯伯爵死后不久，在詹姆士一世临朝的初年，培根曾经发表过一篇《自白》，解释他在该案中的行为。

培根说："我的辩护不需要冗长和繁复，就是关于那件案子和审讯过程中我所做的一切，都是出于我对女王和国家的职责和义务的。在这样的事情上，我是决不为世界上的任何人而表现出虚伪和胆怯的。因为任何诚实而居心端正的人，都会宁愿舍弃他的国王而不愿舍弃他的上帝，宁愿舍弃他的朋友而不愿舍弃他的国王；宁愿舍弃任何尘世的利益，还有在某些情形上，宁愿舍弃自己的生命而不愿舍弃他的朋友。"

培根在 1600 年致埃塞克斯的信中，就曾谈过他爱伯爵胜于任何人，然而这种爱是置于女王与国家利益之下的。事实上，培根早在 1580 年给博莱伯爵的信中，就曾明确表示过："若我的服役对象排成一个横队，那就是上帝，陛下和阁下。"即首先是忠实于上帝，然后是忠实于女王，其次才是国家大臣和朋友。

当时，培根自己的处境也相当危险。虽然无人告他同谋叛逆，但他不能不表示忠诚，因而不得不认真地参加对埃塞克斯的审讯。而后来的案情审理中培根的积极表现，可以说是为了保护国家利益，使私人友情与感恩之情服从于国家利益是他的职责，他的行为无可非议。

培根能够高度热情地献身于观念与事业，这股热情成就了他的哲学。而他关于公众事务的著作，则显示了一种献身于公益的精神和政治智慧。

加丁纳教授曾对此事做出论断：

> 培根的行为表现出他缺乏道义感，这是不能否认的。然而我们现在认为个人友谊的关系应该重于政治上的关系，这种看法是基于一种日渐增强的政情安定之感的。这种看法对于培根当时的政局不能适用。
>
> 在当时，如果可以用武力来推翻女王任命大臣之权的话，那么英国将陷于无政府状态，以及这种状态所产生的种种祸乱之中了。

在处决埃塞克斯的同年 5 月，培根的哥哥安东尼·培根去世了，培根陷入巨大的悲痛之中。

伊丽莎白女王处决了埃塞克斯伯爵，她比任何人都感到痛苦。她不断地撤换大臣，因为这些人一个个都让她失望。她感到任何人都不可信赖，没有一个人会从一而终地忠于她和她的王权。

1601 年 10 月 27 日，培根以伊布斯维奇、圣·亚尔宾郡选出的议员身份，参加伊丽莎白王朝最后的议会。这个可纪念的朝代也到了尽头。

1603 年 3 月初，伊丽莎白女王在庆祝她 70 岁诞辰的宴会上，发表了一篇演说，其中说道："感谢上帝对我的恩惠。我已经 70 岁了，没有任何理由贪生怕死。"

听她的话，好像她不希望更加长寿似的。众位大臣都感到奇怪，但也不便说什么，只是一味地对她"歌功颂德"，祝她"健康长寿"。

约一周后，伊丽莎白女王的表妹、诺丁汉伯爵夫人去世。女王从此陷入了哀伤之中，而且不能自拔。她拒绝医生的治疗，也不打算康复，她似乎已经意识到死亡即将降临。伊丽莎白躺在病床上，不时地摆弄手指上的一枚小戒指，凝神冥想，长吁短叹。这枚戒指是埃塞克斯送给她的，一直伴着她闭上双眼，停止了呼吸。

1603 年 4 月 24 日，伊丽莎白女王去世，在悲凉寂寞中结束了都铎王朝。继承王位的是埃塞克斯的朋友、苏格兰国王詹姆士六世，登上英国王位后成为詹姆士一世，从此开始了斯图亚特王朝对英国的统治。

詹姆士是伊丽莎白女王的侄子，但她生前从未正式任命他为继承人。此时，英格兰和苏格兰同归一个君主，在一个王朝的统治下，开始了不列颠统一进程的第一步，即王室联合，但英格兰和苏格兰依然被国际承认为两个国家，而两个国家依然保持着自己独立运作的政府。在伊丽莎白逝去的 50 年后，英国内战爆发，英国成为了一个短暂的共和国。

培根的表兄罗伯特·塞西尔，在斯图亚特王朝中仍然受到重用，成为主要的辅佐大臣。别看罗伯特矮小驼背，寡言少语，但他工于心计。早在伊丽莎白女王去世前两年，罗伯特就暗地里与詹姆士联络，着手安排女王"百年之后"詹姆士继位的问题。

由于罗伯特的精心策划，詹姆士顺利地登上了英格兰王位，他本人也自然被留任重用。在新王朝被起用的人中，还有一批埃塞克斯叛国案中幸存下来的人。

培根的哥哥安东尼·培根，要不是在 1601 年，埃塞克斯被处死后不久便病逝了，他也会受到新王朝的重用。因为詹姆士深知安东尼忠于埃塞克斯伯爵，并始终拥护自己继承英格兰的王位。

过去，培根为求高官之位想尽了一切办法，但结果却一次又一次地令他失望。在埃塞克斯被处决之后，培根不仅失去了一位给他谋取高位的朋友，而且也遭到了社会的广泛谴责。当时，培根对从政已经心灰意冷了。

培根在写给朋友托比·马修的一封信中，谈到自己在詹姆士被选为国王之后，暂时放松的心境。培根在信中写道：

  一个游离不定的世界已经宣告结束，新的值得期待的世界已经来临。在我内心深处，我发现自己像一个刚从睡梦中醒来的人，睁眼一看，居然有这么久的时间没有现实地活在这个世界上。

再次经受仕途的打击

在女王伊丽莎白尚未去世之时，培根就已经把自己的未来寄希望于新的王朝了。

新王朝开始后，培根看到詹姆士一世是一位有学问的人，而且素有敬重学者的好声誉。这又给培根点燃了谋求高官的之位希望之火。

但是，培根不是那种急于冲到新国王的面前，要求得到觐见的人。当时，培根就待在家里。不过，他还是通过一个叫约翰・戴维斯的朋友给新来的国王捎去了一封信。

另外，他还给这位戴维斯写了一封信，信中说：

戴维斯先生，虽然您突然之间……我还是把自己托付到您的爱和您使用我的名字时的良好用意上面。倘若有什么人攻击和指责我的名字，也拜托您予以回击并为我辩解为盼……一直期盼您对我这个隐藏起来的诗人给予良好的祝福。

您非常忠诚的弗・培根

戴维斯是培根诗人小圈子中的一员，也是他的"一支笔"。培根非常希望戴维斯能在新国王面前，不失时机地提到自己的名字。

以培根在埃塞克斯案中的表现，按常理说，詹姆士是不会喜欢他的，因为詹姆士是既不会忘记朋友，也不会忘记仇人。不过，詹姆士一向以自己的学问自傲，标榜自己是一个有学问的国王，敬重一切有学识的人。因而，培根对詹姆士满怀希望。

培根仔细考察了新来的君王以及自己的处境，摆在他面前的有两条路。一条是隐退回老家，将后半生花在写作上，一心研究文学与神秘主义；另一条则是再拼一次，作为无冕的国王，帮助自己的国家向前迈进。

对培根来说，这一点应该没有任何问题，因为他从来都视国家进步为己任。国家永远是第一位的。他应该留在公众当中，并尽全力服务于新国王。培根平时谨言慎行，低调做人。他感觉自己像其他人一样，很想对国家效忠并希望得到一定的回报。但是，他从来不愿意卑躬屈膝地活着。

由于自己的目标远大，所以培根认为，如果能取悦詹姆士国王，从而使启蒙运动继续深入下去，做出多大牺牲都是值得的。主动放弃学者平静如水的生活，培根会有太多的遗憾，但他还是强迫自己重新回到政治舞台。培根立即给新国王写了封信，表达了自己的良好意愿。

当培根得知新国王詹姆士自诩为古典学者时，便给其呈上一封贺信。这封信以拉丁文《圣经》的一句话开头，以奥维德《古罗马帝国时代的诗》的一行诗结束。培根在信中宣称："在陛下的臣民中，我比任何人都更热切地渴望为陛下效力，不惜牺牲自己。"

与此同时，培根给那些接近国王、能影响国王的人大量发信联络，请求帮助，以求在新王朝中获得他在女王时代未曾得到的官职。培根给他的表兄弟罗伯特·塞西尔的代理人迈克尔·希克斯写信，要求希克斯方便时，让"塞西尔知道，塞西尔是他在显贵中所最爱的人"。

培根给诺芬伯兰伯爵写信，回顾他的哥哥安东尼与之交往的日子。他给汤姆斯·查洛纳写信，查洛纳是经安东尼介绍而到埃塞克斯手下工作的。培根估计查洛纳会成为詹姆士宫廷的官员，于是他请求查洛纳促使詹姆士对他"有个良好的了解"。

培根甚至还写信给在埃塞克斯案的起诉中作为同谋犯被审判关押，詹姆士继位后得以释放并被任用的人，如舒桑顿和约翰·戴维斯等。

经过大量的活动，培根对自己的前途十分乐观。1603 年，在詹姆士上台后的两个月，他给托比·马修写信时说，他认为游说活动的时代已经过去，现在是接受的时代了。

不过，这一切活动好像都是徒劳的，詹姆士一世并没有理睬培根的效忠表示。詹姆士公布了一个名单，其中有些是女王逝世时在任的人。在希望这些人继续留任时，担任学者顾问一职的培根的名字被排除在外。

此时，培根希望得到爵士爵位的"荣誉"，但他必须向这位新来的国王提出申请，而且要通过新的首相大臣罗伯特·塞西尔。爵士爵

位是培根申请的第一个头衔。伊丽莎白女王在世时，她给培根的朋友、亲戚和其他比他次要的人封赐最荣耀的嘉德骑士勋章时，他都默默地站在一边。

培根感到非常失望，他不得不写信给显贵的塞西尔，保证说他已经永远地告别了政治，对做官的渴望已经完全熄灭。他打算全力以赴寻找一名"有钱的新娘"，以便安定下来过舒适的生活。

培根还附带提出，如果塞西尔肯替他说情，他愿意接受"几乎用滥了的"爵士封号，借以减轻自己仕途失意的苦恼。他又说，他讨厌那种同时给一大批人授予爵位的陈俗惯例，他愿意单独接受封号，这样更符合他的尊严。但是这一请求遭到了塞西尔的拒绝。

1603 年 7 月 23 日，在詹姆士一世国王加冕仪式即将举行的前夕，弗朗西斯·培根才与其他 300 个同时得到各种头衔的人一起，站在皇宫前的花园中，浑身被倾盆大雨淋得透湿，接过了被授予的"骑士勋章"。

不久，培根又得到年金 60 英镑的赏赐。这笔钱是詹姆士一世因为培根的哥哥安东尼始终拥护他继承王位有功而发放的。

用知识改进社会

人类智慧和知识的形象将在书中永存，它们能免遭时间的磨损，并可永远得到翻新。

—— 培 根

全力从事学术研究

爵位和金钱并不能让培根感到满足，失意的培根在给塞西尔的信中说："看来我的雄心只能放在笔头上了。"

在此期间，培根写了一篇自传性质的文章《自然解释的序言》，也表示了这种情绪和意向。

在这篇文章里，培根写道："我们现在掌握的知识连教我们去希求什么都不够！"这是典型的文艺复兴时期的一心"向上"的"巨人"的精神状态。在文章中，培根热情讴歌了科学的发明创造。他认为发明者的成就，与城市的创造者、国家的立法者、消灭了暴君的"人民之父"以及这一类英雄们的功业相比，虽不如他们的辉煌，但比之于他们只限于狭小地区、只存在于一个短暂时间来说，是"到处都会被人感觉到，而且垂诸永久的"。

培根还说："如果一个人能做到的不是做出某种特殊的发明，不管它是如何有用，而是在自然界燃起一线光芒，这一道光将在它上升的过程中，触及并且照亮一切围绕着我们现有的知识的边缘地区，然后在这样一点一点地向前扩展的过程中，不久就可以把世界上隐秘的东西揭露出来，使人们能看得见。我想，那个人才是人类真正的恩人——是人类对宇宙的统治权的建立者、捍卫自由的战士、克服困难的英雄。"

培根还在文章中对自己的思维特性进行了分析，认为自己最适于"研究真理"。

培根说：

至于我本人，我发现最适于我的莫过于研究真理，因为我的头脑敏锐，足以从多方面觉察事物的相似之处，同时也能细致地分辨出事物之间微妙的区别。

因为我天生有探索的愿望、怀疑的耐心、思考的爱好；慎于判断，勇于重新考虑，在安排和建立秩序时也很小心；同时也因为我是既不羡慕新事物也不爱好旧事物，并且憎恨一切欺骗行为。所以，我想我的天性与真理有一种接近、一种联系。

培根早就说过，自己之所以要谋求高职，是为了能拥有更大的权力有助于学术研究。而现在求职不顺，培根似乎要放弃这条曲折的途径了。

培根说："我的一生已经到了一个转折点，我的不良的健康状况提醒我不能再延误了，同时我考虑到把我自己所能做的好事放下不做，而从事没有别人的帮助和同意也能做的一种工作，这在我实在不能说是履行我肩负的义务。于是我把前面所说的一切想法都放在一边，而遵照我的老决心，以全副精神来从事目前这份工作。"

培根在这里说的"自己所能做的好事"，就是指研究真理、改造哲学；"前边所说的那一切想法"，就是指通过追求高官显位以达到为人类谋幸福的目的。

这段文字表明，此时的培根已经改变了人生计划，要全力以赴从事科学研究和著述活动了。

《自然解释的序言》是用拉丁文写的，司佩丁在《培根全集》中把它译成了英文。这篇序言在培根传记中具有重要意义，它是培根自己写作的唯一一篇带有自传色彩的文章。

1603年，培根还写了《论时代勇敢的产儿》。此书实质上也就是培根《伟大的复兴》的初稿。作为培根学说的重要命题、重要原理的

· 113 ·

"伟大的复兴"第一次见诸文字，便是在该书的副题"人对宇宙统治权的伟大的复兴"里。而《伟大的复兴》一书正式面世是在 1620 年。

《论时代勇敢的产儿》一书的体裁有些特别，它是以长者对学生讲话的形式写的，其中对旧哲学的批判部分，则是以法庭审讯的形式撰写的。全书拟定的题目分为三卷：第一卷写心智的改进与指导；第二卷写自然的光亮与解释的公式；第三卷写阐明的自然或事物的真实。

而实际上，培根只完成了两章，虽然仅此两章，但其思想却是完整的，这就是要使人的认识从沟通人与自然的关系、恢复人对自然的统治这一目的出发，对迄今有着重大影响而又错误的思想理论予以廓清。

《论时代勇敢的产儿》是培根最主要的著作《伟大的复兴》的雏形，是培根的哲学宣言。它鲜明地表达了培根批判什么、反对什么的基本倾向和哲学思想。

在这部作品中，培根对柏拉图、亚里士多德、盖伦、帕拉塞里苏斯、希波克拉底等人的哲学思想进行了极为严厉的批判。

培根把被世人奉为"圣人"的亚里士多德说成是"可怜的诡辩家"；批评亚里士多德"豢养和指使一批讹诈和轻浮的人"，"躲避自然和历史的光亮"，编造了无数的诡辩；把亚里士多德的《逻辑学》说成是一本"疯病手册"，而他的《形而上学》则是"在很少的事实基础上建立起来的毫无价值的蜘蛛网"。

培根对柏拉图更是毫不客气，他"要传讯柏拉图这个狡猾的诽谤者、浮夸的诗人、见鬼的神学家"；他批评柏拉图的哲学，"是些第二手知识的片段，刮垢磨光后串联起来的"，"以模糊不清的归纳法来诱惑人的意志"，等等。

培根对亚里士多德、柏拉图等人的哲学思想是批判的，但是，他对他们个人的才能还是非常肯定的。培根的这种批判引起了不少议论。当然，培根的批判不是没有缺点，如理论分析不够、言辞过于尖锐等，但这一批判的方向是无可指责的。对此，培根从来没有动摇过。

要知道，要创立一种新的思想体系，就必须对先前占统治地位的思想体系进行彻底的批判；不清除旧的思想观念，新的思想观念就树立不起来。因此，这种批判和清除就难免有过激之处。在《论时代勇敢的产儿》一书中，培根首次提出了著名的幻象学说。

培根用幻象来指代让人陷于谬误的种种坏的心理习惯。培根以长者的身份对他的学生说："我是真正来把你引向自然和它的一切产物，支配它，使它成为你的奴隶，并为你服务。"

培根接着提出："你是否以为当心智的一切被深深嵌入的最笼统的幻象所缠扰和阻塞时，心灵的镜子仍能保持清楚和明亮的表面；仍然能反映事物的真正的自然的光亮？"

此时，培根虽然还未具体解释后来在《新工具》中详细阐述的"剧场幻象"的思想，但是他已经非常明确地提出，如不清除"作伪的哲学家"，"让他们仍然在背诵那些我们宁愿甘受他们湮没了的公式"，或"让他们仍然奴颜婢膝鼓噪他们那些矛盾的推论"，"以赝品取代真实"，"败坏人的心智"，人们是无法听到真理、接受真理、获得真理的。

因此，培根认为在他着手以"最虔诚的信仰"、"出自对未来最深切的关怀"，给人们传递"科学的火炬"之前，他必须逐个点名批判这些哲学家。

培根虽然是一位道地的英国人，但是他的洞察力已远远超过了他自己的国界。培根划分出三种雄心：其一类者，朝思暮想，惨淡经营，在本疆之内，得陇望蜀，觊觎青云；其二类者，宵衣旰食，机关算尽，图他人之邦，扩己国之势，俯首称臣者愈多愈善，此辈虽贪婪无度，然却至尊至贵；若一人披荆斩棘，努力登攀，以求人类享有经天纬地之略、驾驭宇宙之才，此实属雄心大志……尽臻尽善。

培根的《迷宫的线索》，则进一步批判了先前的权威和经院哲学，是《论时代勇敢的产儿》的进一步发展，也是后来写的《伟大的复兴》的一个更明确、更具体的不同体裁的早期蓝本。它表达的思想是培根由《论时代勇敢的产儿》向《伟大的复兴》过渡时期的思想。

1604 年，培根又写了《论事物的本性》、《论人类知识》。这也是两本未完的书稿。

《论事物的本性》探讨了古人在运动问题上的过失，阐述了作为他自己的目标的"活动的科学"与古人的"思辨的科学"的差异。培根强调为了获得积极的自然哲学，一定要参与运动的研究、要掌握事物活动的原则，即事物是由什么力量或什么方式组合在一起的，而不是仅仅研究事物是由什么东西组成的静止原则，因为那只能为谈话和辩论提供材料而已。

培根宣布："我们应该研究事物的欲求和倾向，正是它们引起并成为我们在工作中看到的所有各种影响、变化和技术。"这些思想，后来在培根关于形式的学说和关于运动的学说里，都有了进一步的发挥和展开。

在《论人类知识》中，培根讨论了关于新型的自然史的问题，强调哲学若不建立在自然史上，就是不稳固的，而且对人类的需要、对哲学的积极方向都是无助的。

不仅如此，培根还提出，哲学若不建立在自然史上，还会产生诡辩和诗这样两个弊病。前者即在一定的观察之上，就凭自己的推论构造特别的理论体系；后者则是以自己研究的领域统率其余的知识领域，把哲学变成了想象的世界，即诗的范畴。

在这部未完成的稿子中，培根第一次向人们推荐了德谟克利特关于不要在个人的小世界，而是要在伟大的公共的世界里寻求科学的名言。培根认为，德谟克利特讲得"深刻"、"透彻"，他把哲学建立在自然史上，看作对德谟克利特这句名言的实现。

当时，培根表示自己还没有能力去建立新哲学的规则，但他立志去准备这样规则的基础。后来，培根为新自然史的建立做了许多工作，对自然史的编撰计划、宗旨、方针、要求、大纲、目录都做了规定，甚至还身体力行地着手写作其中的一些分册。

《几种想法和几条结论》，是《迷宫的线索》的拉丁文译本，它和《各家哲学批判》及后来写的《新工具》的内容大致相同，但在写法和材料的组织安排上却大不一样。

《各家哲学批判》，是以一个陌生人在巴黎一个学术会议上的演讲的形式写成的。这位陌生人对各家哲学思想的批判，就是培根对它们的批判，也就是培根想要众人接受的新哲学思想。而《新工具》则是用箴言的形式写成的。

有一天，一位朋友去拜访培根，看到他正埋头写作，便说："近几年您写了不少著作，有什么感受吗?"

培根拿出一个笔记本，说道："这是我的一些体会，您可以随便看。"

这位朋友接过笔记本仔细翻阅，只见上面写着"在这种性质的论文中要有更大的信心和权威感"，"以轻蔑的态度论述希腊人的哲学"，要以"演说的形式使人感到庄严和喜悦"，等等。

朋友在看过之后，觉得不得要领，便对培根说："写得太笼统，您还是给我说说吧!"

培根略微思索了一下说："可以概括成这样三点：

"第一，写这类文章自己要满怀信心，要以居高临下的态度，像权威一样敢于批判一切。否则，觉得这也不对、那也不恰当，又怕别人说自己狂妄等，文章就没法往下写。

"第二，和第一点是相通的，要立一家之言，就要敢于蔑视前人，怀疑古人和权威。这是不是不太谦虚呢？我认为不应该这样看。如果前人怎么说自己就怎么说，学术就无法发展。

"第三，文章的语言要生动，要像一个老年人对他的学生说话那样娓娓动听，富有吸引力。"

培根的私人秘书罗莱博士在他撰写的《培根传》中写道：

> 培根的写作，最注重的是如何鲜明、准确地表达自己的思想，总是刻意避免华丽的字句、轻浮的幻想。

培根的著作总是力图客观地体现出时代精神。他常常在行文中用第三人称自指，如"弗朗西斯·培根这样说"、"弗朗西斯·培根那样想"等，显得风格独具。

俗话说："无官一身轻。"在这个时期，培根把全部的精力都投入到了学术研究中去。

成为英国哲学的创始人

1603～1609 年，培根虽然写了不少东西，留下了大量的手稿，但大多数没有写完，而且都未公开发表。究其原因，很可能是他为了整理自己的思想，为写一部更全面、更系统的著作做准备。那么，这部新的著作应该是《论学术的进展》。

1605 年，培根的《论学术的进展》一书出版了。

《论学术的进展》是一部关于知识论的著作，全书分为两大部分。第一部分的第 1～5 节指出发展学术的种种障碍，破除了阻碍学术发展的错误观点；第 6～8 节指出研究基督教和古代希腊、罗马作家对学术的益处。

第二部分总结了人类迄今为止的知识，其第 1～3 节是历史部分，包括自然史、政治史、教会史、文学史；第 4 节是诗歌，这节最短，培根对此没有进行发挥，后人认为这是一大憾事；第 5 节至最后是哲学部分，其中包括自然哲学、医学、心理学、逻辑、语言、修辞、伦理和治国术等。

在这部著作里，培根批判了贬损知识的蒙昧主义，从宗教的信仰、国家的文治武功、社会的发展、个人的道德品性等方面论证了知识的巨大功用和价值。

在中世纪，知识只是信仰的奴仆。文艺复兴运动虽然批判了鄙视知识、摧残科学文化的蒙昧主义，但是在培根时代，这种蒙昧主义还存在各种表现，残留的势力依然很大。如宗教神学还坚持"知识即罪恶"的谬论。

当时，培根就认识到，要倡导科学，让人充分认识到知识的功能与价值，就必须批判这种蒙昧主义。所以，培根在《论学术的进展》一书中，差不多以整整一卷的篇幅专门论述科学的功劳，给科学和知识以前所未有的尊崇。

培根在《论学术的进展》中说，在古代，人们历来就把有利于人类的发明家尊奉为神，这是对人所能给予的最高荣誉。而对于那些建邦立国、推翻暴君、立法兴邦者，则不过给予英雄或半神的称号。

培根认为古人的做法是非常正确的。因为后一种人的功绩有时空的限制，如同甘雨似的，虽能解除干旱、滋润大地，但只能在一时一地发生效力。而前一种人的功绩、效益则是永久的，遍布整个世界。

培根把科学技术的发明看作高于一切的事情，他对知识的价值和功能有这样高的评价，是前所未有的。在当时能对知识有这样的评价和认识，有这样的远见卓识，实属可贵。这是科学观上的一次伟大的革命。

在《论学术的进展》中，培根还提出知识对于文治武功、安邦定国具有重要意义。因为君王无论怎样耽于情欲、乖于常规，他本人只要有学问，就可"免于无大恶大错，而不至败亡国家；纵然顾问仆役默不作声，而所学所闻就能时时耳语，加以警告"。"学问使人心和雅仁厚，易于治理；而愚昧则只能使人粗野蛮横，易于叛乱。"

培根认为，如果国王是哲学家，或者哲学家是国王，那么这个国家的人民就幸福了。这里虽然有"知识万能论"的味道，但在权力就是一切、统治者恣意妄为的时代，提出知识对于治理国家的意义，是有其进步意义的。

培根的《论学术的进展》的另一大贡献是提出了科学分类的原则和知识体系的新结构。培根强调，科学是一个统一的知识体系，"知识的各个部分，只可当作全体的线索与脉络，不可当作各不相谋的片段与个体"。因此，"要把知识的连续性与整体性永久保存起来"。

培根认为，把各种学科各自独立起来、割裂开来，脱离其公共源泉、公共始祖，是各种学科之所以肤浅、贫瘠，出现谬误的原因所在。

在《论学术的进展》一书中，培根还提出了新的科学分类原则。他把知识分为两类：神所启示的知识和人类靠自己的官能所获得的知识。这两类知识又可按获得它们的不同官能分成三种，即凭记忆而产生的历史知识、凭想象力而产生的诗歌、凭理智而产生的哲学。

神所启示的知识指宗教史、先知的预言、寓言、教义等。这样一来，培根就巧妙地把宗教和科学分开了。他有一句名言："属于信仰的东西，还给信仰。"但是，当宗教教义与科学理性发生冲突时，培根认为必须接受宗教教义，以免遭受宗教界的攻击。

培根按照这样的分类原则，对全部人类知识进行总结并做了一个系统的划分，其中还提出了他认为尚欠缺的学科，从而勾画了科学百科全书的提纲。

培根在《论学术的进展》第二卷中专门研究了历代帝王在对待学术方面的经验教训，并在此基础上提出了自己认为最好的科学的组织管理方法。培根虽然接受"国家机构的权威至高无上说"，但是对国家权力机构压制舆论却十分憎恶。

在学术上，培根强调学术自由，主张应该用学术的方法而不是用行政的方法管理学术；其次，培根主张国家要对学术研究在物质上予以保证，特别是要尊重学者，提高学者的待遇。他认为学者是灌溉科学的人，要想促进科学的发展，就必须使学者"有安适的生活状况、丰厚的生活费用"，这样才能使学者"竭其精力，尽其一生，专心从事学术的探讨和学子的培植"。

此外，培根还主张提高学者的社会地位，因为"不受人尊敬的事物，当然不会兴旺"。培根对学者的社会作用也给予了很高的评价："若无贫穷的学子扶植人类文明，维系人类的尊严，则王公大臣们的安乐奢侈早使人类复返蒙昧、返归野蛮了。"

当时，科学研究尚处在收集材料、个人的观察和实验验证起主要作用的阶段。但是，培根此时却已从科学的整体性、复杂性与个人精力的有限性的矛盾中，认识到"共同劳作"的必要性和重要性，预见到未来科学工作的社会化。

培根从科学研究的"分工合作"出发，提出了国际间学术交流的思想。他说："全欧洲的学校要是比现在更能相互支持、配合，学术上不是发展得更快吗？"

在写作《论学术的进展》时，培根思考关于科学知识的问题已有 20 多年了。他的这些观点，不仅詹姆士一世不能接受，就是英国的广大读者也不能理解。

培根意识到，要找到一个能够理解他、支持他的观点的人是非常困难的。因此，他深深地感到学术研究的寂寞和苦闷。但培根靠着坚定的信念，即"我要把我的同胞从错误的思想中解放出来"这一信念，呕心沥血，用了几年的时间，终于把这部著作完成了。

《论学术的进展》在欧洲学术史上占有重要的地位。它所阐发的科学分类思想，以及由此建立的科学知识体系的新结构，提供了当时人们未曾想过的科学百科知识的全图，与中世纪的经院哲学相比，其进步性是显而易见的。

《论学术的进展》是近代科学分类的先导，在当时和后世都曾引起广泛的注意。17 世纪英国皇家学会的建立，18 世纪百科全书的编纂，都从中受到巨大的激励和启迪。

值得一提的是，英语可以说是由《论学术的进展》一书出版，而首次变成哲学文献表达工具的。

培根的前辈们，无论是在科学方面，还是在哲学方面，都使用学者共同的语言——拉丁语。培根是用英语写作一部重要科学或哲学著作的第一人。

培根十分重视《论学术的进展》。为了扩大其影响，培根在剑桥的一些学者的帮助下，把该书译成了拉丁文，扩充了不少材料，同时删去了一些罗马主教们可能接受不了的内容。增订后，该书以《论科学的价值和发展》为题，于1623年出版。

培根在拉丁文本的《论科学的价值和发展》中这样写道：

> 我们这个时代好像是学术第三次来访人间的时代……
>
> 当我看到这一切时，不禁希望大增，以为我们这个时代将在学问方面远远超过希腊和罗马的时代了。

由此可知，培根为什么要把自己的主要著作定名为《伟大的复兴》。

事实上，《论学术的进展》就是培根《伟大的复兴》庞大计划的一部分，是开启《伟大的复兴》之门的一把钥匙。

在当时，传统思想界已被在文艺复兴中产生出来的力量所削弱。在这些力量中，日益增长的民族意识逐渐导致了民族文化风格的较大分化，并使民族语言在诸学科中得到运用。

尽管培根可能更加喜欢以拉丁文作为表达他的哲学的工具，但他以英文写作《论学术的进展》，却使他成为运用民族语言这个运动的一位领袖。培根在他一系列的哲学巨著中所阐述的思维模式，与英国的重实际和实证的精神紧密相连。因此，培根不仅被看作英国哲学的创始人，而且是英国哲学精神特殊性格的代表。

多年来，培根的头脑里不断思考着对普通百姓的教育计划。1605年，培根发表了一本重要的著作——《进一步学习》。这部书包含了培根的内心世界的精髓和他写给世界的一直没有拿出手的计划。

培根的目标是经过仔细研究后设定的。他试图将自己对周围世界进行科学观察后得到的知识进行分类整理并印刷成册，以便读者在阅读书中的知识时能够一目了然。当培根这样做的时候，他内心对大自然的热爱达到了非常炽烈的程度。

培根明白，自己这项计划绝非一个人在短短一生的时间里就能完成的，他希望至少由他"先把一部机器的大框架给建好，可能最终我都不会使用它，也搬不动它"。但是，培根要自己成为一个指路者，成为一个推手、一个撞响巨钟的人。

培根将如此重要的著作献给了国王詹姆士一世。多年后，当培根又将另一本著作献给国王时，国王的真实态度就暴露出来了。

詹姆士向培根承诺说："好好读一读书中的内容，可能得花去我一些睡眠的时间了，不然，也找不出其他时间来读。"后来听说，詹姆士一世还专门对培根的这本书做了一番评价："让人升起一种上帝赐予的平静感，因为它传达着对上帝的作品的真诚理解。"

借助婚姻进入新生活

培根在潜心研究学术的同时，并未完全放弃在宫廷中谋求职务的努力。

这是因为，埃塞克斯伯爵当年送给他的庄园，多年前就被他折价1800英镑还了债。哥哥安东尼·培根在去世后，仅给他留下少量的财产，此时也早已花完了。国会议员只是一个没有报酬的虚衔，靠律师的收入，也难以维持培根讲究排场的奢侈生活。

多年来，培根债台高筑，经济上总是入不敷出。1598年，培根还因债务问题短暂入狱。培根不断地求官的一个重要原因就是为了解决经济问题。

詹姆士一世爱被奉承，培根便不断地给他写信，将这位平庸的人与"万能的上帝、宇宙的原动力"相提并论。培根还将他的著作《论学术的进展》题献给詹姆士一世，献词极尽献媚奉迎。

培根曾公开声言，他对攀附奉承权贵者并不鄙弃责难。在《论学术的进展》一书中，培根说："记得从前有一人戏问狄奥根尼为什么是哲学家还要给富人当从者，他便很审慎、很尖刻地答道：那是因为哲学家知道自己所需要的事情，而富人不知道的缘故。

"还记得亚里斯提卜曾经有一次向狄奥尼修斯王有所请求，王不听，他便跪到王的脚下，于是大王便停住脚，接受了他的禀词，并且准如所请。后来人们便斥责亚里斯提卜，说他不应该因为私人的祈求便污损了哲学的业务，跪在暴君的脚下。但是他回答说，那不是他的过错，只是狄奥尼修斯的过错，因为国王的耳朵偏要长在脚上。

"还记得，有一个哲学家同他辩论时，不肯尽力强争，还自我原谅说，向统领 30 支大队步骑兵的统帅表示屈服，并不算是不合理。我觉得这个也不是懦弱，只是谨慎罢了。"

因此，培根做出结论："这种服从强权、委曲求全的办法，我们万不能深恶痛绝。因为在表面看来，这种行为虽然不免卑鄙，但是考之实际，我们只应当看他们是否服从情势，不是服从个人。"

当时，无论是在伊丽莎白时代，还是在詹姆士的宫廷里，向强权低头是时人的普遍特性。

罗杰·阿斯彻在研究了伊丽莎白朝廷的道德状况后，曾讥讽地说："诡计和谎言，谄媚与美貌，这是宫廷获宠的四大道路，若不信奉这四者，就请退回老家去吧！"

培根就是生活在这样的道德环境里，沿着这样的道路向前迈进的。

培根在《论说文集》中有一篇题为《论高位》的文章，他坦率地讲到了仕途的卑污与辛酸："要升到高位上，其经过是很艰难的，但是人们都要吃许多苦以取得更大的痛苦；要升到高位上，其经过有时是卑污的，然而人们却借着卑污的手段达到尊严的地位。"

"一切上跻高位的行动，都是像登一条迂曲的楼梯一样。若遇有派别的时候，一个人最好是在上升的时候加入某派，而在已腾达之时保守中立。"

培根在斯图亚特王朝的第一年，即 1603 年，就已经向詹姆士写了《简论英格兰苏格兰王国的联合》。而且，后来培根在国内、国外，从历史、科学、现状等各个方面，对此不遗余力地加以论证和宣传。这种"合并论"甚得詹姆士一世的欢心。

詹姆士于 1604 年 10 月，上尊号为"大不列颠王"。据说这个尊号就是培根建议的。作为一名议员，培根利用一切机会为国王的无视法律、独断专行、不察民情、横征暴敛等行径辩护。

培根还极为热切地向政府提出"用较好的科学方法"阻止民众

叛乱的忠告。

培根的"不懈努力终于使他看到了胜利"的曙光。他关于处理英国教派之争的意见被詹姆士采纳了。他作为国会议员在下院的支配能力，在上院、下院的调停能力，也都深得詹姆士一世的赏识。

但是，虽然如此，培根还是没有获得高官厚禄。考虑再三，培根认为只有通过联姻，找一个有钱的妻子来摆脱困窘的生活。培根对爱情与婚姻有自己独到的见解。

在他的《论说文集》中有一篇《论爱情》的文章，文中说：

> 过度的爱情追求，必然会降低人本身的价值。例如，只有在爱情中，才永远需要那种浮夸谄媚的辞令。而在其他场合，同样的辞令只能招人耻笑。

> 古人有句名言："最大的奉承，人总是留给自己的。"——只有对情人的奉承是个例外。因为甚至最骄傲的人，也甘愿在情人面前自轻自贱。

> 所以古人说得好："就是神在爱情中也难保持聪明。"情人的这种弱点不仅在外人眼中是明显的，就是在被追求者的眼中也会很明显——除非她（他）也在追求他（她）。所以，爱情的代价就是如此，不能得到回爱，就会得到一种深藏于心的轻蔑，这是一条永真的定律。

> 当人心最软弱的时候，爱情最容易入侵，那就是当人春风得意、忘乎所以和处境窘困、孤独凄零的时候，虽然后者未必能得到爱情。

> 人在这样的时候最急于跳入爱情的火焰中，由此可见，"爱情"实在是"愚蠢"的儿子。但有些人，即使心中有了爱，仍能约束它，使它不妨碍重大的事业。因为爱情一旦干扰情绪，就会阻碍人坚定地奔向既定的目标。

　　培根不仅认为爱情妨碍人的聪明才智和事业，而且认为婚姻更是事业的大敌。在《论说文集》中的《论结婚与独身》一文中，培根说：

　　有妻室儿女者对未来只能听天由命，因妻室儿女乃成就大业的妨碍，不管要成就的大业是善是恶。无可否认，最有益于公众的丰功伟业历来皆由无妻室或无子女的人始创。这些人在感情上已娶了公众，并用他们的钱财替公众置了嫁妆。

　　培根还引用了古希腊哲学家泰勒斯的话来论结婚："年少时尚不宜，年长时则不必。"培根对爱情与婚姻有如此的看法，所以，他从青年时代起，就很少与女人接近。

　　1604 年，培根做了詹姆士一世的顾问，每年的薪俸只有 40 英镑。这点钱对培根来说，很难维持他的奢侈生活。

　　1606 年，培根在自己 45 岁的时候，眼看仕途无望，与清苦的学术相伴，也看不到出头的日子。所以，培根才真正下了决心找一个富有的女子结婚。

　　这一年，培根娶了爱丽斯·伯恩海姆为妻。爱丽斯是一位前国会议员的女儿，爱丽斯的父亲在她很小的时候便去世了。从父亲那里，她继承了一处价值 6000 英镑的房产和每年 300 英镑的收入。

　　培根是在爱丽斯的继父家里看到她的。爱丽斯的继父名叫约翰·帕金顿，是个爵士。帕金顿是个很乐观的人。培根偶尔去他那里造访，可能是因为他们有共同的兴趣，即园艺与风景鉴赏。

　　培根对爱丽斯当然也很感兴趣。那时，爱丽斯的脸上充满着青春的朝露。培根很欣赏爱丽斯的思维敏捷、口齿伶俐，认为这是很宝贵的素质。

培根喜欢年轻的女子，不仅在于她们的头脑灵活、机智，也因为她们有更少的偏见，不呆板。

在培根的《论说文集》中，有篇《论青年与老年》，其中援引《圣经》中的话说："你们少年人要见异象，你们老年人要见异梦。"

培根解释这句话的意思是："青年人是比老年人更接近上帝的，因为异象是比异梦更清楚的一种启示。无疑的，世情如酒，越喝越醉人。"培根的确非常欣赏智慧和稳重，但他更把希望放在青年人的身上。

培根由于选择了这样一个人做新娘，给自己蒙上了一层神秘的面纱。如果爱丽斯嫁给培根，那她将终止自己的全部学业。而她与这位哲学家、诗人兼作家的丈夫，在社会背景与生活经验方面，也有很多的不同。

爱丽斯长着一副椭圆形的脸庞，高鼻梁，大大的眼睛，神情显得很坚定；黑黑的头发梳理得很服帖，盖在前额上。爱丽斯穿着很讲究，也很入时。她的那张脸和她所乘坐的四轮马车，都显示出她是一个很能拿得起、放得下的女人，甚至不用沾培根的光，也能很好地生活。

5月10日，弗朗西斯·培根与爱丽斯·伯恩海姆结婚了。结婚使培根的生活得到了很大的改善，因为爱丽斯不仅带来了丰厚的嫁妆，而且每年还能从娘家拿来200英镑补贴家用。

老岳父帕金顿还答应，待爱丽斯的母亲死后，每年还可再增加140英镑的补贴。这对窘迫中的培根来说，简直是雪中送炭。

培根和爱丽斯在马瑞本大教堂举行了隆重的婚礼。培根穿着定制的华丽、典雅的礼服。爱丽斯披着洁白的婚纱，更显得婀娜多姿、楚楚动人。

当有人祝贺培根新婚之喜时，他却冷淡地回答说，他只是"由于婚姻而改善了经济状况"。

第二天，达德利·卡尔顿给张伯伦先生写了一封信，他这样描述结婚仪式：

> 弗朗西斯·培根爵士昨天与年轻姑娘在马瑞本大教堂举行了婚礼。他浑身上下穿着紫色衣服，使他和他的夫人的衣服看上去都非常有品位，令夫人更添气质。

培根的岳父大人帕金顿，在自己家里举行了结婚晚宴。罗伯特·塞西尔此时已经是萨里斯·博莱伯爵，他好像要利用这个机会再次侮辱培根。他被邀请参加婚礼，但他自己却不露面，而是派秘书和两个骑士代为参加。这令帕金顿夫人深感失望，她本来为女儿能够进入上层社交圈而感到万分高兴。

培根选择穿一身紫色衣服作为结婚礼服，这使整个典礼最为有意思。早在一个半世纪以前，爱德华四世就颁布了一条法律，不允许寻常百姓穿紫色衣服。

在中世纪的英国，各阶层人们的衣服颜色，都是经过仔细规定的。枯叶色、黄色、灰色、绿色和天蓝色，都是下层百姓使用的颜色，如农民、仆人等。

上层社会的人士则更钟情于苍翠而绚丽多彩的颜色。他们还给这些颜色起了很多名字，如金盏花色、少女发色、生姜色、郁金香色，而紫色则被保留给皇室成员和贵族人士使用。

培根知道，有关衣服穿着色彩方面的法律条文，已经在两年前被国会讨论后废止了。现在，他终于可以穿着紫色衣服而不用担心遭到攻击了。

在结婚的那天，培根写了一首十四行诗，将自己的新娘比作"四月的鲜花，及世间最珍贵的宝物"。

在接下来的第 22 首十四行诗，表现出培根对妻子真挚的情感，而不是激情：

这镜子决不能使我相信我老，
只要大好韶华和你还是同年；
那么，我怎会比你老这么多？
像我珍重自己，
乃为你，
非为我。
怀抱着你的心，
我将那么谨慎地，
像慈母防护着婴儿遭受病魔。

这段婚姻注定不是"震撼心灵的激情"的结果，它只是成熟丈夫对年轻妻子发誓，要好好待她的一个温柔承诺。

凯瑟琳·博文写道："培根的婚姻最令人吃惊的地方，是他一直很平稳地保持着这段婚姻很多年。没有生孩子，而且20年过去了，没有传出丝毫的绯闻。"

此时，培根想借助婚姻使自己进入新的生活。他要为政府效力，但是他再次感到了失望。1605年12月，大律师的位置再次空缺，他申请获取，却再次遭到拒绝。

"这简直太令人感到不舒服了！"他这样写信给贵族艾勒斯梅尔，"我这般努力，却总是搞到丢脸的地步。所有新来的人，都爬到了我的头上。"又过了整整一年半的时间，大律师的位置才轮到培根。

婚后不久，培根又开始发愤研究和著述。1607年，培根考虑到原来写的《迷宫的线索》不仅对本国读者有意义，而且对世界各国的读者也是有意义的。于是，培根着手把《迷宫的线索》译成拉丁文。因为当时拉丁文是知识界的国际语言，非常流行。

培根把拉丁文的新书题名为《几种想法和几条结论》。不久，培根发现自己过去写的许多尖锐批判旧哲学的文章，语言虽然尖锐泼辣，但道理并没有说透彻。因此，为了把自己的意见充分地表达出来，培根于1608年又写了《各家哲学批判》一书。

培根对《几种想法与几条结论》和《各家哲学批判》非常重视，但这两部书在他生前没有公开出版。

1653年，《几种想法与几条结论》才由哥鲁特出版，而《各家哲学批判》直到1734年才由史蒂芬出版。

这两本书之所以推迟出版，主要是因为这两部书在当时出版不合时宜，因为培根在书中阐述的思想非常激进，措辞又非常尖锐，而当时英国思想界保守势力占据统治地位。

此外，培根的好朋友托马斯·博德利在给培根的信里，曾提到这件事，他说："当时我和学院里任何头脑清醒的人，都不赞成您书中的意见。"培根考虑到这种现实，就接受了托马斯的意见，决定暂时不出版这两本书。

后来，培根获得高官之后，想通过仕途来实现自己的"科学复兴"计划的想法又重新点燃了。在这种情况下，培根也不想出版这两本不合时宜的书而得罪当朝权贵们。后来培根升至大法官之后，也没有坚持在他生前公开出版这两部著作。

1620年，培根59岁时，公开出版了他哲学思想的代表作《新工具》一书，但《几种想法和几条结论》、《各家哲学批判》仍不失其珍贵价值。

由于《新工具》是用概括、简洁、结论式的箴言形式来表述的，这两部著作从侧面说明、阐释培根哲学思想的作用就更无可替代。

为了保证自己的著作可以公开发表，培根积极考虑用一种当时人们能接受的方式进行写作，内容上则是"新的思想与旧的思想的混合物"。最后，培根决定采用分析寓言故事的方式来宣传自己的新思想。培根这样做是社会现实导致的，也是他思想发展的必然结果。

努力协调教派之争

1607 年 6 月 25 日，培根终于被委任为副检察长，这是 20 年前伊丽莎白拒绝给予培根的职位。在此后两三年的时间里，培根忙于协调英国的教派之争。

当时的英国，教派纷争剧烈，主要是英国国教与清教之争。其时，清教内部也有保守的长老派和激进的独立派之争，但主要还是清教与国教的纷争。

清教要求以加尔文教派的精神，对英国国教的教会组织、教义等进行彻底改革，要求彻底消除天主教的影响。

而在 16 世纪 30 年代，英王亨利八世开始的宗教改革，是由国王自上而下进行的。改革后的英国国教，除了不承认罗马教廷的最高权力外，主教制度、天主教的主要教义与仪式等却留存着。英国国教是英国王权的工具，都铎王朝的伊丽莎白和斯图亚特王朝的詹姆士，都极力加强国教的统治地位。

詹姆士一世非常明白神权统治的共和制度化是对君主专制的威胁，为此，他对清教徒扬言：

> 如果你们要一个长老制的教会，这与君主政体势不两立，正如魔鬼与上帝势不两立一样。没有主教，也就没有国王。如果你们坚持自己的主张，我将强迫你们接受国教，不然就把你们驱逐出境。

斯图亚特王朝残酷地迫害清教徒，对其进行严厉的惩治。此时，教派纷争已经明显地与政治斗争结合在一起了。英国的资产阶级正是以加尔文教派作为反对英国国教和王权的武器，后来他们终于在1640年在清教的旗帜下，掀起了反对君主专制的革命。

对于教派纷争，培根持中庸之道，既反对国王对清教徒的迫害，也反对清教徒利用宗教达到其政治目的。他主张国教、清教双方和国王都应当保持一种宽容的态度，但是他的努力终归无效。

培根认为，既然宗教是维系人群的，那么其自身也应当保持一种和谐一致。在培根的《论无神论》和《论迷信》两篇文章中，都论及教派的分裂。对于这种事情的原因、结果和害处，他做了中肯的评价。

培根的宗教宽容思想认为，宗教应该统一，但宗教统一不等于划一，要允许教会间在非根本问题上教义、教仪等的不相同。培根说，上帝的外衣的确是完整无缝的，但教会的衣服却是多色的，应该允许教会有多种色彩的思想。

培根还强调不能为了取得或增强宗教的统一而动用武力，即不能"以流血的压迫手段强迫人的良心"。他既对国王迫害清教徒的举动甚为不满，同时也反对利用宗教来颠覆政府。

培根说，使宗教大义堕落到谋杀君主、屠戮百姓、颠覆国家与政府，是残忍而可恨至极的行为。这样的行为如同在圣灵的像上以兀鹰取代鸽子，或把基督教会的船舶挂上一面海盗或凶徒的旗帜一样。武力在这儿是不允许的，是罪恶的。

培根事实上在反对宗教迫害的同时，也未做区分地反对了资产阶级以宗教外衣为掩护的斗争策略，这与他作为一个王权的拥护者不无关系。

当时，英国政治上也有一个大的争论，就是所谓"王权天赋"之争。这场争论实际是"君权"与"民权"的消长之争。这场起于詹姆士一世之朝的斗争终究酿成内战，下一代的君主查理一世也因此而上了断头台。

培根起初的主张是一种"中和主义"，他认为"君权"、"民权"之间应该有一种"中道"、一种妥协的办法。他还著文赞扬过民主共和国的"政治很优良"，认为民主共和国比有贵族王室的国家通常都较为平静，不易发生叛乱，国家也能持久。因为有民权的地方，政治上的争议都比较重事而不重人，民众对纳税等也较为乐意。在那里维系民众的是实利而非对在位者个人的崇仰。

从这些议论看，培根赞赏共和的民主国家。不过，议论终究只是议论。"王权天赋"之争引起的枝节太多，使培根不知不觉地修改了他的主张，由一个具宽容态度的"自由主义"者变为一个比较温和的王权拥护者。他完全赞成和拥护英国当时的体制，即中央集权的君主专制体制。而且培根强调，在君主国里要保持一个足以增加君王威严的、在一种高位上的贵族阶级："一个完全没有贵族的君主国总是一个纯粹而极端的专制国。"

在培根看来，贵族生来就应享有荣华富贵，并且有发号施令之权。因此，他主张对有能力的贵族就该委以重任，这样既使贵族得到安置，也使国家事务能够较为顺利地发展。

培根对都铎王朝第一位国王亨利七世排斥、打击封建贵族的做法是颇为不满的。实际上，亨利排斥贵族，是为了使英国王权空前地强化，从而使国家在多年内战后，最终恢复了元气。亨利七世在英国历史上是大有建树的一位国王。

赞成并拥护一个不依附罗马教会的强大的中央皇权专制，是培根与大多数早期资产阶级思想家共同的主张。作为新贵族，在对待王权的态度上，培根保有资产阶级的意向，但同时也表现出保守的一面。

培根坚决反对"极端的绝对的君主专制"，他强调王权应受限制，强调国王应以法治世，强调国王应通晓君王权力的限度与职责。培根借用两条关于帝王的箴言说：

记住你是个人，因而要约束自己的权力，

记住你是个神，或神的代表，因而要控制自己的意志。

培根还强调国王应广开言路、善于纳谏。为此，他专门写了一篇《论谏议》的文章，强调关于进言的信任是人与人之间最大的信任。安全就在忠言之中。即使是最聪明的国王，也不要以为借助了臣下的进言就有损自身的伟大、有伤自身的名誉，相反，"国王的尊严与其说参与议论而削减，不如说反而增高了"。

不仅如此，培根还专门论述了该怎样充分发挥国会和各种议事机构的作用，而不是把它们只作为一种御用工具。这里包括事前把要议论的问题提前公布，以及国王在主持会议时，应当注意不要过早表露自己的意向，防止参与议事的人为取悦国王而不能真正议事，等等。

培根对詹姆士一世国王受命于上帝、权力无限的思想也是不赞成的。他曾写了《论王权》、《论国家的真正伟大》、《论叛乱》等文章，以极其温和的态度来劝导詹姆士。这都表明了培根在根本上是站在资产阶级这一边的。

在《论王权》中，培根这样写道：

我作为全人类共有的普遍倾向提出来的便是，得其一思其二、死而后已、永不休止的权势欲。造成这种情况的原因，并不总是人们希望获得比现在已得到的快乐更大的欢愉，也不是他不满足于一般的权势，而是因为他不多求的话就会连现有的权势以及取得的美好的生活手段也保不住。

因此，权势至尊的君王便要在国内致力于通过法律，在国外致力于通过战争来保持其权势。而当这一点办到之后，新的欲望又会随之而起。有的人是为求得新的疆土之名，有的人是为求得安逸和肉体之乐，还有一些人则是希望在某些艺术或智能方面出类拔萃，以博得人们的赞扬或阿谀。

在《论国家的真正伟大》中，培根这样写道：

无论是生物体或是政治体，没有锻炼是不能健康的；对一个国家来说，一场正义和荣誉的战争是真正的锻炼。

不错，内战像寒热病的发热；可是对外战争就像运动的发热，有维持身体健康之效；因为在懒散的和平环境中，勇气将要软化。

在《论叛》一文中，培根这样写道：

要统治整个国家的人，必须用心了解全人类，而不是这个或那个个别的人。

但是，在资产阶级与王权的斗争中，培根也表现出了软弱、妥协和保守，以至于在不少具体问题上，他又站到了国王那一边。正是由于培根拥护王权的保守态度，最终导致国会告发培根，通过打击培根来打击王权。

显示非凡的哲学见地

1608 年，培根被任命为最高法院书记官。他既要处理教派之争，又得在国会与国王之间保持平衡，这令培根很是烦心。尽管如此，培根始终不懈怠文事，只要不在国会或法院的时候，他把时间都花在了写作上。

傍晚，培根匆匆回到家后，吃过晚饭就钻进书房，立即投入到艰苦的研究和写作之中。

一位朋友曾劝培根说："你应该适当地注意休息，否则，你的身体会支持不住的。"

培根回答说："我年龄越大，越需要抓紧时间努力地工作。不然，我到死都不会瞑目啊！"

1609 年，培根的《古人的智慧》一书出版了。这是培根继《论说文集》、《论学术的进展》之后公开出版的第三部学术著作。

培根写这部书的目的，就是寻找人的思想如何控制自然界的答案。培根认为，在远古的某个阶段，人可以通过自己的思想把自然界控制起来，但后来的人却丧失了这种能力。

培根把《古人的智慧》一书题献给了剑桥大学和此时担任剑桥大学校长的、他的表兄弟罗伯特·塞西尔——萨里斯·博莱伯爵。在献词中，培根告诉萨里斯·博莱伯爵，这些寓言是一块圈域，其中储存着珍贵的科学思想，他希望学者们能从他的劳动中领受并添加一些东西。

培根认为，远古时代存在着人类最古老的智慧，这些智慧除了记载在《圣经》中的，其余都已经没入遗忘和沉寂之中。继沉寂之后，有了诗人的寓言故事。在这些故事之后，才有了传至今日的文字记载。而这些寓言故事，就是在深埋的远古时代和后来有传说、有信仰的时代之间拉上的一层帷幕，是介于已消亡的事物和尚存的事物之间的中间地带。

培根认为，通过对这些寓言故事的研究，就可以拉开远古时代和有信仰的时代之间的这层帷幕，从而发现失去的最古老的智慧。《古人的智慧》一书，完成的正是这个使命。

《古人的智慧》一书，包含了培根对古希腊神话的深刻见地。他认为，古希腊诗人的神话故事代表着一种较古老的智慧，"它们既不应视为诗人的创造，也不应认为是属于他们的时代，而应该当作神圣的造物和从比较优越的时代所吹来的曲调。这是从更古老的民族的传习中得来，而被收入希腊人的笛管中的。"

培根认定古人实质上是用神话、寓言作为其哲学思想的媒介。他还对古人为何要这么做，做了分析。

培根在《爱神或原子》的神话中，简述了在希腊神话中爱神是众神中最早出现的，除了开天辟地的"混沌"外，爱神也是一切事物中最古老的，并且他是没有父母的。培根对这一神话做了如下解释：

　　这个神话讲的是命意极深的自然的发生和开端时期。这里所讲的"爱"，我把它理解为原始事物的趋向或本能，或者更直接地说，就是"原子的自然运动"。

　　这种东西确实是那种用物质构成的一切事物的原始的特殊的力量。这东西确实是没有父母的，就是说，它是没有"因"的，因为"因"就好像是"果"的父母。

　　可是原子的运动这种力量在自然界里更无他"因"。在它以前没有东西，因此没有构成它的"因"，也没有比它更为原始的东西，因此它没有品类也没有形式。

在这里，培根借爱神古老又无双亲的故事，表达了自己关于物质"自因"的唯物主义思想。

在《古人的智慧》中，培根还讲了他十分欣赏的《亚特兰特和希波曼尼斯的利益》。其故事梗概是这样的：

亚特兰特与希波曼尼斯赛跑，如果希波曼尼斯赢了，就可以娶亚特兰特为妻，如果输了就要丧命。亚特兰特跑得飞快，她已击败并毁灭了无数与她比赛的人。

因此，希波曼尼斯只好求助于计策。他把得到的 3 个金苹果带在身上。比赛一开始，亚特兰特很快超过了希波曼尼斯，希波曼尼斯把一个金苹果扔到了亚特兰特的跑道前面，好奇心和金苹果的美丽诱使亚特兰特离开跑道俯身去拾。这时，希波曼尼斯就跑到了亚特兰特前面。由于亚特兰特跑得快，很快又追上来，并超过了希波曼尼斯。希波曼尼斯又抛出第二个金苹果，然后又抛出了第三个金苹果，最后终于赢得了胜利。

培根认为这个故事中，包含着技艺与自然竞赛的寓意：亚特兰特代表技艺，只要剔除了它前进道路上的障碍物，它就能比自然——希波曼尼斯——更快地达到它的目的地。

培根说，技艺这种特权和非凡的效力，却被某些金苹果所阻碍，从而给人类生活带来了无穷的损害。因为没有一种科学和技术能真正持久地坚持它的路程，直至结束。它们经常有持续的或短暂的中止，放弃进程，转到一边寻求一时的利益和方便，非常像亚特兰特。

因此，毫不奇怪，技艺不仅没有战胜自然，而且依照竞赛的条件，要做它的妻子，要服从于它。

在这里，培根阐述了关于理论研究与实用研究的关系。培根指出，二者的关系就是"因"的研究与"果"的研究的关系。培根反对目光短浅、只满足于有限范围的新发明的机械之巧，强调要有方法论意义上的理论的发明、发现，以便于新发明、新发现能"一串串、一堆堆"地出现。

培根在书中通过《普罗米修斯》这个神话故事，表达了他的另一个哲学观点，即人类"不满现状"是神圣和必要的。培根认为，要想使人们有勇气与进取精神向下一个目标迈进，必须先使他们具有一种新的精神状态，必须把人们从习以为常的忍受中解放出来。否则，人类既不能改进他们的科学，也不能改善他们的物质生活。

在《论古人的智慧》一书中，培根还指出：

> 任何一个有学问的人必然毫不犹疑地承认，这种教导方法是严肃的、认真的，而且是非常有效的，有时在科学上还是必需的。在通俗意见之外的一切深奥的新发现里，这种方法正是打开通向人类理解力的容易的和熟悉的通道。因此，一些如今看都很平凡和普通，而当时看来却是全新或鲜为人知的人类理性的一些新发现和新结构里，却有着许多的神话、寓言、隐喻、比喻和暗示。
>
> 这些不是为了隐藏而是为了告知和教授。人们的心灵仍然很原始，对于敏锐的和思辨的事情未熟练甚至无耐性时。在某种意义上，是不可去接受那些不能直接刺激感官的事物的。

培根还说："历史到今天，人们要以新的光亮照耀人类的理解力，既要克服偏见，而又不至于引起争辩、敌意、反对或骚动，也必然循着这同一道路，即求助于寓言、隐喻或暗示的类似的方法。"这段话道出了培根写作《古人的智慧》的另一意图。培根的一些新思想，是借这些神话、寓言的释义表达出来的。

培根以其丰富的想象力、机敏的才思、深刻的哲理，从《古人的智慧》的 31 个神话、寓言故事中，引出他自己的见解。但这些智慧和含义与其说是属于古人，不如说是属于培根。因而无论是谁，要想找出神话或任何文本的原意或本意，都是不可能的。作为历史的文本总是有多种解释，这不是因为历史可以任人随意解释，而是解释历史的人，着眼的历史层面不同和思想观念各异所造成的。

培根的这部《古人的智慧》，意义不在于是否真的再现了远古的智慧，而是他从神话故事中抽引出自己所需要的哲学思想的巧妙技能，从而为哲学思想的表达探索出了一条新的途径。

《古人的智慧》在探寻最古老的智慧的同时，也表述了培根关于自然哲学、政治、伦理、宗教等多方面的思想。毫无疑问，这是英国思想史上对哲学做了最有意义的贡献的著作之一。

《古人的智慧》文笔优美、生动，构思新颖、巧妙，想象丰富、奇特。它像一部散文诗，所以有人把此书列为文学作品。

《古人的智慧》这部书，培根仍然是用拉丁文写成的。在培根看来，只有拉丁文才能与世长存，其他的语言，包括自己祖国的语言，终有一天要被拉丁语所取代。

1611 年，培根还主持出版了钦定英译《圣经》。

詹姆士一世在位的几年中，最大的成就就是出版了重新翻译的《圣经》。当时的清教徒曾提请詹姆士国王出版一个全新版本，一本更准确的、不附加任何宗派倾向的《圣经》。

詹姆士即位的第一年，首肯了这一要求，并让人筹备这项工作，结果出版了一本后来在英语世界里最驰名，也最有影响力的钦定本《圣经》。这个版本几个世纪以来一直受到全世界基督教徒的认可与欢迎。

在不列颠博物馆的历史记录室中，有文件显示，弗朗西斯·培根参与了整个翻译过程的重要部分，他的参与直至最后的翻译定稿。

对于新版本《圣经》，《剑桥英美文学史》中这样写道：

　　较之过去所有版本的《圣经》，这一版是对各个宗派都有利的。事实上，《圣经》中所有受到质疑的字和词，在这一次都被认真地加以讨论……很多宗派都在过去的岁月里一直为自己的立场而战斗，这也使得最为准确的《圣经》版本得以产生。

　　这一钦定版本《圣经》中的很多篇、段落，都为大多数英国人所耳熟能详。也因为如此，它逐渐成为英国的国宝，成为一国的经典之作……

钦定本《圣经》成为英国人最骄傲的作品。只有培根这种文学天才，才能带领大家将这具有里程碑意义的巨大工程完成。

很多年后，英国著名作家赫胥黎这样评价：

　　……这一《圣经》版本，是使用了最高贵最纯洁的英语写成，单从文学角度去阅读，就已经是美不胜收了……

　　如果说要我们英语中所有的东西在此时被全部毁灭掉，只剩下这版《圣经》，它就足以显示出其全部的美与力量了。

坚持不懈地为国效力

1612 年 5 月，培根晋升的前景开始发生变化。罗伯特·塞西尔终于走完了他的尘世之路。在经历了罗伯特这么多年的恶毒攻击与压制后，培根终于得以从此从背信弃义的恶名中解脱出来。

罗伯特·塞西尔死时，已经是全英国最富有的人，可能也是最被仇恨的人。培根不喜欢塞西尔，而且并不是他一个人这么想。

在伦敦街头，流传着许多关于塞西尔的歌谣，有一首歌谣是这么说的：

> 这下面埋着的
> 是跛扈的罗伯特·塞西尔
> 曾经那般辉煌无比，
> 但现在却被丢在这里，
> 给虫子吃到肚里去。
> 有着聪明的头脑，
> 却凄惨地死去
> 因为，他为政敌摆下圈套，
> 给好友暗设诡计。

没有压制者后，培根在政界活跃起来。他被任命为一个新设的法院的院长。这个法院名为"边缘"，培根的任务是直接处理伦敦王宫区周围 12000 米以内的犯罪行为。培根又组织了财政委员会，并成为其中的一员。他还曾经向国王要求继任萨里斯·博莱伯爵的职位，不过詹姆士国王没有同意。

培根深知，要想得到更高的官位，没有对国王最有影响力的人的帮助是不可能的。最初，培根巴结詹姆士的宠臣桑莫塞伯爵。当他看到桑莫塞开始走下坡路、出现衰败的征兆后，就立即与他断绝往来，转而投向正在英王朝走红的白金汉公爵。

培根为了巴结白金汉公爵，使尽浑身解数帮助他，使他在英王朝的地位扶摇直上。当桑莫塞彻底失势后，白金汉公爵立即成了英国权倾朝野的大人物，成了詹姆士的宠臣。这时，白金汉公爵又在国王面前不断地说培根的好话。

培根为了登上高位，还昧着良心做了许多讨好上司和詹姆士一世的事。如在著名的罗利爵士案件中，培根违心地顺从了詹姆士的旨意。罗利爵士是伊丽莎白女王的宠臣，曾与埃塞克斯伯爵争宠。詹姆士继位后，怀疑罗利爵士反对自己继承王位，先是以叛国罪囚禁他13年，释放两年后又将他处死。

培根明知罗利爵士是无辜的，却赞成并支持詹姆士对罗利处以极刑的主张。培根一方面主张与西班牙的敌国荷兰签订攻守同盟，同时又顺着詹姆士和其宠臣的意思，赞成英国与西班牙结成联盟。

此外，培根还听任白金汉公爵干预司法。尤其是在专利权的问题上，培根的做法非常不得人心。詹姆士经常将某些商品的专利权赐予贵族或某个宠臣，这对工商业的发展和新兴的资产阶级极为不利。专利权成了保护朝臣和食客集团的利益、妨碍和扼杀资本主义发展的制度。

在伊丽莎白时代，培根曾站在人民一边，反对专利权制度，因此得罪了女王，使自己长久不能得到升迁。现在，培根吸取了过去的教训，站在詹姆士一边，维护王室的利益，支持王室有专利特权，并违心地说："这是加强王国经济的有效办法。"

培根经过种种努力，在白金汉公爵的力荐下，终于得到了詹姆士一世的青睐，在官场青云直上，如愿以偿。

1613 年，詹姆士国王任命培根为检察长。这一职位曾由非常嫉妒他的爱德华·库克担任。而库克从检察长之位又"升迁"了。库克非常恼火，他知道自己是被"强行端了上去"，现在的位置是个虚位，对国王没有什么影响力。虽然库克在此之前已经数次赢过培根，也就是在伊丽莎白时期得到检察长的位置，又把培根钟情的海顿夫人迎娶回家，但库克仍然嫉妒比自己年轻的人，看不惯比自己优秀的人。

培根期待已久的检察长一职终于到手了。对饱尝仕途之苦的他来说，这是一个极大的安慰。培根在就任"边缘"法院院长一职时，就曾痛斥"决斗"之俗，把它作为流行全国的罪恶。当了检察长以后，他更是雷厉风行地要根除这种习气。他建议的方法是，应将任何犯这种案子的人，无论是挑战的或接受挑战的或作为助手的，都永远贬于朝外。

1614 年，培根成为伊布斯维奇、圣·亚尔宾郡及剑桥大学所选的议员。这一年，国会解散，从此培根的政治势力也就消失了。

此时，培根再次给詹姆士国王写信。在读了培根的信后，詹姆士国王终于了解到培根的诚恳态度，他大喜过望。法官应该"是头狮子"，培根写道，"但应该是臣服于王冠下的狮子，以不触及王位的尊严为界限"。而这正是这位来自苏格兰的无能国王最想要的，一个只知道承担重任，却永远不对王室提出任何质疑的人。

詹姆士国王对培根的效忠甚感喜悦，他终于给了培根一个更大的机会，提升他为枢密院成员。

1616 年 6 月 9 日，培根被委任为枢密院大臣。同年，布莱克爵士退休。

1617 年，詹姆士国王任命培根为掌玺大臣，这一职位是培根的父亲尼古拉·培根曾在许多年前就担任过的。在就职典礼上，培根做了冠冕堂皇的演说。

1618 年 1 月，官阶的最后一级终于被培根登上了，他受命为英格兰的大法官。不久又被"升任"为贵族。同年 7 月，在詹姆士国王的恩准下，他又被授封为维鲁兰男爵。维鲁兰是个地名，就是圣阿尔本斯的拉丁名字。圣阿尔本斯则是培根的别墅所在地，高兰伯里城附近的一座城市。培根称自己为弗朗西斯·维鲁兰法官。

在英国，"掌玺大臣"和"大法官"这两种职位，论权力和权威是相同的，但就特权、国王的恩宠论，它们又是不一样的。自培根之后，就没有人再得到过大法官的头衔。

此时，培根的收入十分丰厚。1608 年，培根的年收入还是 5000 英镑，而到了 1618 年就多达 16000 英镑。国王还在这两种官职外，每年给他特别的恩典与赠与，两者加在一起，每年达 18000 英镑之多。

培根在给詹姆士的一封信中，曾感激地历数国王在短短几年内给他的恩赐：9 次升擢，3 次是在爵位方面、6 次是在官职方面。由于官高禄厚，培根的家庭生活非常阔绰排场，出入王宫总是前呼后拥，家里雇用的男女仆人最多时竟有几十人之众。

1621 年 1 月，培根在自己的 60 岁寿辰之际，他在约克府举行盛大的生日宴会，很高兴地接受朋友们的祝贺。贺寿者摩肩接踵，终日宾客盈门。诗人班疆生也参加了这个宴会，并写诗歌颂。

此时的培根，为官已日趋成熟，他从历代

官吏沉浮的遭遇中，总结出"为官四忌"，即一忌办事拖延，当断则断；二忌受贿讲私情，不能"为了得到一块面包而违法乱纪"；三忌蛮横无理，这会招来怨恨和祸患；四忌诱惑、被骗，这样必然会被迫按照别人的意志办事。这时，培根在为官上还是比较谦虚谨慎的。

培根自从当了副检察长之后，由于公务繁忙，无暇从事研究和著述工作。而且，随着年龄的增长，觉得自己的精力也越来越差了。培根为此感到苦恼，但是他还是舍不得丢弃有权有势、受人尊重的高官职位和富足的贵族生活。

社会上尽管有一部分人对培根的品德大加鞭挞，但大多数人对他的学问和才华还是十分佩服的。即使对培根的品德说长道短，也只是在背后议论而已，当面还是十分尊重他。想与培根结交的人也不在少数。

1609 年后，培根的公务日益繁重，尽管他善于利用时间、集中精力进行科学研究工作，但是写作的速度还是明显放慢了。在这期间，培根仅在 1612 年出版《论说文集》第二版时，补充了 20 篇短文，另外还写过一些政治、法律方面的文章，此外就再也没有写过别的东西了。

此时的培根内心矛盾到了极点，当高官厚禄和科学研究在时间与精力上很难调和时，他感到身居高官是三重身份的臣仆——君主和国家的臣仆、名誉地位的臣仆、事业的臣仆。有了这三重身份，人就没有言行的自由、支配时间的自由。有时培根想，以自由换取高官厚禄真有点儿得不偿失，但经过一番思想斗争之后，培根最终还是选择做高官这条道路。

这是因为，培根早年从亚里士多德写作《动物学》的过程中得到启示：不当高官，在科学研究上就得不到充分的人力、物力支持，而撰写《伟大的复兴》这个工程实在是太大了，不是一个人的力量所能完成的。培根这时想受命担任某个学院的院长。

培根认为伦敦的威斯敏斯特学院、剑桥大学的三一学院或圣约翰学院等，都是人才济济、学风好、学术水平高的研究单位，如果能当上其中任何一个学院的院长，他就拥有了一个研究阵地，可以组织、指导、支持研究人员，朝着自己的既定目标有计划地进行自然哲学研究。

此外，培根还有一套宏伟的计划。他设想给科学发明者单独建立一个学院，有一切必要的设备；制定一个完善的奖励科研有功人员、罢免无能力者的奖惩制度；组织科研人员进行大规模的调查研究工作，一是调查自然界的珍奇，二是调查机械技术的发展历史；经常与外国的大学交流经验，交换科研情报，进行技术合作；等等。

培根是一个非常勤奋的人，一有空闲他就马上投入到《伟大的复兴》的撰写工作中。

培根的秘书罗莱博士曾回忆培根辛勤创作《伟大的复兴》一书的过程。罗莱博士说：

《伟大的复兴》是培根多年辛勤劳作的产物。我本人至少看过《伟大的复兴》的12个不同的本子，都是年复一年地修改过的。

这本书的结构、次序就是这样一年又一年，一遍又一遍地经过修改、补正，然后才达到付印时的那种样子——就像许多动物舔自己的小兽一样，一遍又一遍，一直等到它们的肢体发育得强壮起来。

高官要职既给培根带来了丰厚的物质利益和显赫的名声，同时也占去了他的大部分宝贵时间。直至晚年，培根才认识到自己把才能用到了最不适宜的地方。

1621年1月，培根又得到了新的荣誉，他被封为圣奥尔本斯子爵。这是培根所能获得的最高头衔了，作为尼古拉·培根的小儿子，这真是天大的荣誉。至此，培根已到达了他仕途的巅峰。对于这个非同寻常的人而言，从平民百姓的行列中走到此，已经令培根非常满意了。在哲学史上，培根成为少有的拥有高官显爵的哲学家。

在詹姆士国王最喜爱的住所——老威廉·塞西尔的西泊池庄园，举行了培根被授予子爵身份的盛大仪式。此时，已经是 1621 年的新年。詹姆士国王为表示自己非常恩宠培根，亲自为他披上了子爵外衣和花冠，而不是仅仅让人宣读一下恩准证书而已。

培根又选择了皇室的紫色作为自己外衣的颜色。这位新获封的圣奥尔本斯子爵给詹姆士国王写了一封信，对国王宠爱自己表示谢意。他使用了一些谜一样的词语："那么，我现在可以带着圣奥尔本斯子爵的习惯或穿上圣奥尔本斯子爵的衣服，坦然地离开这个世界了。"

圣奥尔本斯是英国第一个为基督教而殉道的人，在培根的老家赫特福德郡被视为英雄。在培根看来，他与奥尔本斯之间有太多的相似之处，他们都在为别人的利益而牺牲自己。

1621 年 1 月，培根在再次成为自己住所，也是英国法律最高长官住所的约克大院内，举行了一次盛大的晚宴。原先住在这里的老朋友艾勒斯梅尔去世后，培根和夫人爱丽斯就搬了回来。

从培根在约克大院出生到此时，时间已过去了 60 年。他在这里给自己的 60 岁生日办了个寿宴。在宴会上，培根的老朋友本·琼森写了一首谜一样的颂歌献给他：

> 赞美你，
> 英国的天才！
> 你的脸上为什么挂着如此灿烂的微笑？
> 那炉火，
> 那美酒，

那嘉宾，

你就站在这中间，

周围好像有种神秘的气氛在萦绕。

故去者的儿子，

睿智的爵士大印守护者，

他父亲曾做过的职位，

此时他来继任。

现在还有更符合能力的职位加之于他

英国最高法院的法官。

命运之神，

使他继承了父亲的衣钵；

命运在编织着他的人生轨迹，

他也只能听凭命运之神巧手的安排。

　　这段时光是培根人生中的巅峰时刻。他应该获得这份美好时光，因为他多年来一直不断地为英国效力，从未退缩。有人也许会惊讶他对未来具有的预知能力，这种能力向他揭示，自己的梦想将很快地破灭。

揭示知识的真正意义

1620 年，培根的代表作《伟大的复兴》出版了。

培根是一个创世论的信仰者，他相信在几千年前，人类曾对宇宙有过控制权。因此，他把自己要研究的科学称为"复兴"，用科学知识解释大自然，通过学习知识恢复人类失去的对大自然的控制权。

培根认为，人类了解、掌握了更深更多的知识，就能彻底了解事物之间的因果关系。此时的培根已经成熟，他不仅要收获自己的全部知识，而且要收获人类的全部知识。培根要对知识进行重新分类和改造，使知识科学化，从而达到"科学的伟大复兴"。这就是培根撰写此书的目的。

培根在书中阐述了他毕生怀抱的新思想，因而对此书从写作到发表，他都极为谨慎、严肃和认真。

培根曾计划把他的《伟大的复兴》分为 6 个部分展开。他列举如下：一是"科学的分类"；二是"新工具"，或"关于自然解释的指导"；三是"宇宙的现象"，或"一部作为哲学基础的自然的与实验的历史"；四是"理智的阶梯"；五是"新哲学的先驱或预测"；六是"新哲学"或"能动的科学"。

第一部分是对人类现有的知识做了一个概括的叙述。用培根的话来说，就是沿着已有的艺术和科学的海岸来一次巡视。在陈述科学分类时，不仅叙述那些已经发明、已经知道的东西，还要叙述本来应有而尚待研究的学科，以便引导人们日后加以研究。

1605 年出版的《论学术的进展》，在很大程度上包括了这一部分内容，虽然它不是被作为这个计划的一个部分写出来的，而是在计划中代替它的位置的《崇学论》；就实际情况而言，几乎只是它的一个扩充了的拉丁译本。

第二部分是引进一种解释自然的艺术，使人类理性的功能得到改善和帮助，使之能够达到自然的更深更远的边界。对于这种解释自然的艺术，培根称之为"新工具"，这是针对亚里士多德的"工具论"而写的。

培根强调他的逻辑学与亚里士多德的传统逻辑学在目的、方法、起点上有着根本的区别。这一部分是培根计划的《伟大的复兴》中仅有的真正完成了的部分。因此，《新工具》也就成了印行的《伟大的复兴》的主体。

第三部分是"作为新哲学基础的自然与实验的历史"，又定名为"科技与技术的百科全书"。培根认为再精美、再完善的解释自然的艺术，也不能为理智提供知识的材料，而这却必须到自然界去搜求。在培根看来，有了这部百科全书，哲学就有了坚实稳固的经验事实的基础。这个部分虽然培根没有写成，但在工作计划里，他对自然史的目的要求、内容、组织等，都做了精辟的论述。

第四部分"智力的阶梯"，是把"新工具"提出的方法扩大地、详尽地运用到一些具有典型意义的事例上，从而考察人在发明时思维的全过程。不过，这部分也仅仅是个设想，并没有写出来。

第五部分是所谓"先驱者"或"新哲学的先锋"。培根说，这是在他的"新哲学"完成之前，把他在走向"新哲学"的途程中新发现的东西，提出来供暂时之用。不过，这些新发现的东西究竟是什么，培根全然没有讲述过。

第六部分即"新哲学"或"能动的科学"。培根曾明确指出，这是他的著作的一个重要组成部分，其他的部分都只是为它做准备的。它所要表述的，就是通过他称之为"一套合理的、纯洁的、严肃的调查研究方法所产生的哲学"。然而，他又说："要把这最后一部分彻底地完成，是一件我力所不及的，也是我所不敢希望的事情。"他只是希望自己所做的是个"不太微不足道的开端"罢了。

这便是培根计划的《伟大的复兴》的全貌。实际上，最后一部分是未来时代的工作；第四与第五两个部分，只写出了序言；只有前三个部分是以相当可观的篇幅阐述出来，其中第二部分真正完成了。因此，后人常把《新工具》以单行本发行，单独对这本书进行评论和阐述。

《新工具》分为两卷，是用拉丁文以箴言形式写成的。此书堂皇的辞令是其所包含的先知式的预言的合宜的表述工具，融汇材料的箴言加深了主要观念给人以印象，而没有严重干扰论证的线索。《新工具》无论从它的文体，还是从它所传达的观念的重要性来看，都被认作培根最重要的著作。

《新工具》的宗旨，就是要给人类开辟一条与以前完全不同的路，以便人的心灵能够在事物的本性上行使它所固有的权威。书中批判了传统哲学的脱离实际、脱离自然，对人类无补益，同时也传达了培根的一个主要观念，即知识的实践目标。

培根以这样一段话强调了他的这一观念：

占有材料不仅是思辨的幸事，而且也是一切操作的力量和人类真正的事业与财富。因为人只是自然的仆役和解释者，因此，他所做的和所了解的，就只是他在事实上或在思想上对自然过程所见到的那么多。

他就既不知道什么，也不能做什么。因为因果链条不会为任何力量解开或弄断，除非服从自然，自然也不会接受命令。因此，这两重对象，人的知识和人的力量便实际地合而为一；而操作失败正是由于对原因的无知。

在这段论述中，培根对知识的价值与功能提出了最概括、最切要、最伟大的箴言："知识就是力量！"

具体说来，培根认为知识不是一种纯思辨，首先，他认为知识是掌握自然奥秘的有效手段，是通过认识自然而驾驭自然的巨大力量。在培根看来，真正的知识是根据原因得到的知识，知识是由对事物及其发展规律的研究、发现和解释构成的。培根明确指出，在思考中作为原因的东西，在行动中便构成规则，如果不知道原因，结果也就不能产生。

因此，培根认为"由于形式的发现，他们就可以在思想上得到真理，而在行动上得到自由"。培根正是在这样的理论基础上得出了知识与力量合一的思想。

其次，培根认为知识是社会改革的力量。在《新工具》里，培根指出，野蛮人、文明人的分野是以对知识掌握、运用的程度为标志的。他还指出，农业的发明是人类的第一次革命，而把科学应用于工业，正是导致人类文明的第二次革命。显然，培根把知识看作人类文明的基本要素和社会发展的基本标志。

再次，培根认为知识对于文治武功、治国安邦也有着重要的功能。

培根进行了广泛的历史考察，尤其是对罗马历史，从罗马皇帝杜糜申始，至既是皇帝又是哲学家的马库斯·阿勒留止共6位帝王的显著政绩进行考察，得出结论：只有在学问渊深的君王官吏的治理之下，才有所谓的至治之世。

最后，培根认为知识是人自我完善的手段。他说："除了知识和学问而外，尘世上再没有别的权力，可以在人的心灵及灵魂内，在他们的认识内、想象内、信仰内，建立起王位来。"

培根十分强调知识在对人性完善上的价值与功能，强调高尚的道德情操的形成离不开知识。他说："真理和美的区别，有如印章与它的印痕的区别。因为真理就是道德的善的印章。"

最后，培根还以较多的篇幅阐述了知识在信仰上的价值，论证了"知识是滋养信仰最完善的养料"，提出了"哲学上的浅学肤知使人倾向无神，造诣深了则又复返宗教"。这一论断是培根神学观点不彻底性的一个典型表现。但从培根所处的时代来看，它仍具有历史的进步意义。

培根对于"知识就是力量"一直有着强烈的信念，而且一直抱着乐观的态度。他坚信科学能为人类谋大幸福。

《伟大的复兴》在出版时，该书的封面有一幅经过仔细选择，代表了培根寓意的插图：一艘三桅船正在扬帆前进，遥远的前方有两根相隔不远的柱子。

对此，培根在序言里做了说明，他说：

> 人们对他们的现状估计得过高，而对于他们改善现状的能力却估计得过低。这就是两根不祥的柱子，它们好像注定要把人们封锁在一片被陆地包围的内海中，使他们永远不敢到知识的大洋上去。

插图下面的铭语小框中，是用拉丁文写的引文："有多人来回奔跑，知识就必然增长。"

在该书的正文中，培根再次引用《圣经》上的这句话，他认为人类知识的增长、科学的发展，与人类横渡大西洋、发现新大陆、全球各大洲互相往来，都是密切相关的。

封面下边有一小框，里边的题词是培根从小在高兰伯里别墅餐厅里看到的油画上题写的那一句话："教育造成进步。"这既反映了儿童时代的教育对培根的深远影响，又表达了培根的一个基本思想：教育可以使人获得知识，知识可以使人类"复兴"对宇宙万物的统治权。

培根在《伟大的复兴》一书中给詹姆士一世国王的书信体献词中说，他希望国王资助一部关于自然及技术的百科全书，这部书应当"建立在各种经验的牢固的基础之上，而且这些经验都是经过很好的检查和衡量的"。他深知若没有这样一部书，自己宏伟的计划是没有任何成功的希望的。

该书在献词之后就是序言。献词是向国王进言；序言则是向广大读者、向人民进言。在序言中有教育、引导，也有规劝和警告。培根写道：

> 最后，我向大家做一个普遍的忠告，就是大家要考虑知识的真正目的所在，希望大家追求知识既不是为了自娱心志，也不是为了争论取胜，或是为了凌驾于他人，或是为财、为名、为权力，或是为了任何卑鄙的东西；而是为了人类生活的利益和用途，并且要以仁爱的精神充实和使用知识。

在序言中，还有一段脍炙人口的名言，很好地表达了培根的崇高品质和他对事业的看法：

> 关于我自己我不想说什么，但关于所谈到的对象，我则希望人们不要把它看作一种意见，而要看作一项事业，并且相信我在这里所做的不是为某一宗派或理论奠定基础，而是为人类的福祉和尊严奠定基础。
> 最后，希望人们以满怀善良的愿望参与此事，并且在自己的脑子里和想象中，不是把我们的复兴想象为某种无限的、超过人的能力的东西——其实我们的复兴乃是无限谬妄

的真正终结。

《伟大的复兴》的出版，培根用新哲学结束了传统哲学的旧时代，开创了以经验为手段的研究自然哲学的新时代。马克思对培根在哲学史上的重要作用给予了很高的评价，把他誉为"英国唯物主义和整个近代实验科学的真正始祖"。

在人类历史上，弗朗西斯·培根是第一个真正揭示了知识的真正意义的人。当代科学学的奠基人之一贝尔纳，把培根关于知识的价值与功能的思想归类为现实主义的科学观。贝尔纳认为培根就是最早以现代方式对这一科学观加以充分阐述的人，培根是科学学的先驱。

首次提出 "幻象" 说

在繁忙的公务之余，培根依然坚持哲学方面的研究与著述工作。

一个星期天的上午，培根吃过早饭后，刚要开始写作，一位朋友便登门造访。

一进门，朋友就说："嗨！我的老伙计，别整天光顾着研究学问，你看今天天气这么好，咱们到郊外转一转。这对你的身体会大有好处的。"

对于朋友的提议，培根不好一口回绝，于是吩咐仆人备好马车，来到了伦敦的郊外。

看着一片春意盎然的景致，朋友不禁问培根："你每天都在研究自然哲学，这自然哲学的真谛到底是什么呢？"

培根不假思索地回答："我主张的自然哲学是要人们重新与自然界接触，用新的眼光来观察、分析客观事物，并得出规律性的知识，恢复人类对自然界的统治权。"

朋友听了这话，笑了笑说："可是，上帝创造的这个世界非常神秘，我看人类是难以破解的。"

然而，培根却十分坚定地说："人类肯定能认识大自然，这是早晚的事。现在我们不能很好地认识大自然，是因为我们自己有许多心理障碍影响着我们，它们好似魔障一样，遮蔽着我们的眼睛，使我们看不清自然界的真实面目。"

朋友接着问道："人们有哪些心理障碍呢？"

培根说："在我刚出版的著作《伟大的复兴》里，对这个问题做了很详尽的阐述。"

随后，两个人围绕此话题边走边谈。

培根认为，人在认识大自然的过程中，往往会出现种种心理障碍，他把这种心理障碍称为"幻象"。

培根在撰写《新工具》时，根据这些心理障碍的不同性质，把幻象分为"种族幻象"、"洞窟幻象"、"市场幻象"、"剧场幻象"。

培根认为，扫除人类认识真理道路上的障碍，不能止于对经院哲学的批判，还必须进一步对人类认识产生谬误的根源加以分析和揭露，"否则，我们的旧错误刚除掉，新错误又会由人心的不健康状态产生出来。如此，我们只能变化错误，却不能廓清错误"。

培根的"幻象"说所论及的不是某一种具体错误，而是人类在认识客观世界时普遍存在的"更为根本、更为深刻的错误"。所以说，培根的"幻象"说具有独创性，是认识论和方法论上的一大突破。

培根认为，"种族幻象"是从人的天性中来的。他说："人的理智就好像是一面不平的镜子，由于不规则地接受光线，因而把事物的性质搅混到一块，使事物的性质受到了歪曲，改变了颜色。"

具体地说，这种幻象的产生，"或者是由于人的精神实体气质相同，或者是由于它的成见，或者是由于它的狭隘性，或者是由于它的无休止的运动，或者是由一种感情的灌注，或者是由于感官的无力，或者是由于印象产生的方式"。

培根认为，要达到"符合尺度的真理"，就必须剔除这种幻象，其途径就是科学实验。

培根认为，"种族幻象"的表现之一就是"先入为主"。他说，人的理智一旦接受了一种意见，就把别的一切都拉来支持这种意见，或者使它们符合这种意见。虽然他在另一方面可以找到更多的和更有力量的相反的例证，但是对于这些例证他却加以忽视或轻视，或者用某些区分把它们摆在一边而加以拒绝。

培根认为这种"先入为主"，是人们正确认识事物的一大障碍。

随后，培根举了无神论者狄高拉斯否定神灵的例子：

> 希腊人出海前，往往要向海神祷告，希望得到保佑，平安回来还要还愿，并把自己的像挂在庙里。
>
> 有一次，一个人指着画像问狄高拉斯："你还认为向海神祷告是愚昧的吗？"
>
> 狄高拉斯回答说："是的。出海前祈求神灵保佑，而后被淹死的人，他们的画像在哪里挂着呢？"

希腊人这种"选择性的认知"多少反映了一个人的人格与对生命的基本态度。而培根却说："所有的迷信莫不如此，对应验了的事情就予以注意；对失败的、没有应验的，就不去注意。不是客观地对待各种事物，而是以先入为主的偏见来做出判断和取舍。"

培根认为，"种族幻象"的第二个表现是，人的思维常常自觉不自觉地受感情和意志的支配。假如一个人认为什么是真的，就会去相信它。在认识客观世界时，如果依照自己的意愿确定问题的性质，就不可能正确地认识大自然。因此，培根认为，人的认识要想达到合乎真理的尺度，就必须揭露"种族幻象"的谬误，正确地解释自然。

这个途径就是科学实验。培根认为影响人认识客观世界的第二个心理障碍，就是"洞窟幻象"。"洞窟幻象"这个词来源于柏拉图的《国家篇》。他假设一个小孩从小生长在地窖里，当他长大后来到外面，对外部世界就会产生种种奇特的、荒谬的想象。

"洞窟幻象"就是指每个人从自己的性格、爱好、所受的教育、所处的环境出发，来观察客观事物，由于各自不同的偏见，因而会歪曲事物的真相。

培根认为仅仅扫除"种族幻象"和"洞窟幻象"这两个障碍还不行，还需要清除第三个心理障碍，即"市场幻象"。

　　"市场幻象"是指人们在交际中由于语言概念的不确定、不严格而产生的思维混乱和认识谬误。

　　在培根看来，这种"幻象"最难消除。培根说："我之所以称之为'市场幻象'，取人们在市场中有往来交接之意。人们是靠谈话取得联系的，而所使用的文字是依照普通人的了解。因此，选择文字失当就会阻碍理解力。"

　　培根认为，人们的理智可以支配语言，语言在运用中又可以反作用于人的理智。如果词语运用不当，或者理解其含义不同，就会使思想交流陷于混乱，陷于空洞的争论和幻想。这正是哲学和科学流于诡辩和无生气的原因。

　　培根还揭示了语言的约定俗成的性质。语言作为交流思想的媒介，要想畅通无阻，就必须有适合一般人的理解能力的确定含义。

　　培根在认识到三种心理障碍之后，还发现人类往往迷信于权威，以为前人说的就是对的。于是他又提出要清除第四个心理障碍，即"剧场幻象"。

　　"剧场幻象"是不加批判地盲目顺从传统的或当时流行的各种科学和哲学原理、体系以及权威而形成的错误。培根说，"剧场幻象"不是天赋的，而是从哲学家们的各种教导和各种错误的演示规则中植入人们的头脑中的。

　　在培根看来，所有流行的哲学体系都是一些舞台戏剧，代表着哲学家们以虚构和戏剧手法创造出来的各种世界。

　　培根的"幻象"说的提出，实际上是揭露了神学的唯心主义以及一切谬误的根源，正在于以虚幻的世界取代真实的世界。这种虚构的舞台虽然看上去比真实世界更真实，但却远离了客观真理。

　　培根提出的"幻象"说，在当时具有重大的理论与实践意义。首先它有力地反对了迷信权威、崇拜教条的倾向，在当时对解放思想、摧毁封建思想堡垒起到了十分重要的作用。

其次，当时培根就看清了造成人们的认识脱离被认识对象的原因，这是很深刻的。"幻象"说还为后来马克思主义正确揭示唯心主义产生的根源提供了可供借鉴的宝贵资料。

最后，培根在"幻象"说中还接触到认识论中的一系列复杂的问题，如主观与客观、感性认识与理性认识、思维与语言等，这些也启发了后来的哲学研究。

无论怎样，培根"幻象"说的意义是重大的，它对人类在认识客观事物的过程中产生错误根源的揭露具有持久的价值。

《伟大的复兴》的出版，标志着培根也达到了自己人生的鼎盛时期。这时，他在英王朝中的官位已经很高了，他的名声和影响力也越来越大，受到了越来越多的人的倾慕和崇敬。

成为内讧的牺牲品

1621 年冬天，对英国来说，一切事情都很不顺利。这年冬天，暴风雪肆虐，泰晤士河的河道都结了冰，阻碍了水路交通，商船的贸易往来也被迫停止。城市中到处堆着垃圾，臭气熏天。

由于政府采取的各种政策都十分乏力，物价猛涨，民众叫苦不迭，不少人抱怨为了活着不得不债台高筑。此时，无论是达官显贵还是平民百姓，大家都在抱怨从未有过的糟糕生活。甚至有人相信，英联邦体制本身已岌岌可危。

但是詹姆士国王看上去，好像没把这些状况放在心上。只要宫廷里的奢侈生活没有改变，巨额开销保持不变，外面民众的抱怨就影响不了国王的心情。

当时，有个国王的宠儿，国王亲切地叫他"史迪尼"。他的原名是乔治·维利耶，后来成为白金汉公爵。国王把所有的特权都给了他。詹姆士国王的第一个儿子亨利，是一个很有出息的王储，但不幸夭折了。亨利的弟弟查尔斯现在成了威尔士王储。通过交友和刻意逢迎，白金汉公爵博得了这位年轻王储的喜欢。

白金汉公爵脖颈上绕着全国最有威信的荣誉之物，即镀金的古老的嘉德勋章。国王的宠爱使他信心倍增，也给他带来种种特权。如果有人希望国王高兴，那只要让白金汉公爵高兴，就意味着国王也高兴。

培根非常希望詹姆士国王能支持他在全国范围内进行的启蒙运动，但事与愿违。启蒙运动的概念，国王很欣赏，但他更大的兴趣是饮酒作乐、狩猎以及在其他方面。他先是宠爱桑默塞，随后又宠爱白金汉公爵。

在 1621 年，培根的政治生涯达到登峰造极的地步，官爵、地位、名望、财富他都有了。但是在得意之中，培根也免不了要记起那些为了逢迎旨意、奉承权势所干的违背初衷、违背良心的事，维护王室关于专利的特权，听任白金汉公爵干涉司法。

培根由于逢迎上意而背离了资产阶级的利益。专利权既是保证宫廷朝臣取得利益，又是妨碍和扼杀资本主义发展的一种制度。议会代表资本主义向前发展的要求，从 1597 年起就开始了反对专利权的斗争。

詹姆士一世来自没有议会民主的苏格兰，因此他把议会看作他王权的敌人。他还亲自撰写了《自由君主之真正法律》，宣扬"王权神授"，"自由君主永不受外界的干预，也不受臣民的要挟约束"。

詹姆士一世反对议会讨论他的内政和外交政策，命令议会把国事托付给唯一有权掌握国事的国王枢密院。詹姆士一世声言，臣民辩论国王所做的任何事等于煽动叛乱。

詹姆士这些倒行逆施的行为，激起了议会的强烈不满。因而议会断言说：它有权自由讨论一切真正有关臣民及其权利或地位的事务。

因此，1611 年议会被解散。1614 年的议会也因为批评詹姆士一世的政策，致使议会未及办理任何事务就被解散了。此后，英国议会一直未曾召集。

培根迫不得已地夹在封建王权、贵族势力与代表新兴资产阶级利益的议会的斗争之中，思想感情是十分矛盾的。他内心虽然倾向于扶植资本主义的发展，但客观上却站在王权一边，维护王室的利益。正因为如此，培根才能得到国王的赏识和重用，但却得罪了议会。

到 1621 年，离最后一次国会开会已经过去了整整 7 年。其实，詹姆士国王也不想现在就召开国会会议。如果此时召开，那无异于给国会两院的人对国家大事评头论足的机会，这可不是他想要的。但资金短缺的压力太大，如果他还想继续支持陷入困境的女儿波希米亚王后和她的丈夫腓特烈的话，他就必须告诉国会，自己真的需要很大一笔资金，因而不得不召集议会。然而，这届议会的头一个举动就是要求改革专利权法案。

在开会的这一天，整个伦敦笼罩在一触即发的氛围中，民众怨声载道，上院贵族与下院议员之间冲突不断，形成一种剑拔弩张的情形。人们都希望有人掉脑袋。詹姆士也看到了自己所处的境地有多么危险。不过，他很有手腕，知道如何掌控形势。他必须把自己掩饰起来，然后找个替罪羊，帮他解围。

詹姆士国王一走进国会，就开始演戏。国王谦和的讲话，让很多人心存感动，下议院顺利通过了他的资金议案。然后，讨论起颇多争议的"特许权"问题。

其实，每个人都心知肚明，国王已将不少"特许权"赠与出去。不过，都是因为听了一些"进言者"的建议，如果有什么不对的地方，也应该由"进言者"负责。至于国王，只是耳根子太软罢了。大家都知道，法官是国王的主要进言者。

于是，国会的气氛一下子就变了，开始对国王持有批评态度的议员们，此时却对国王少见的谦卑样子和明显"对民众的爱"所打动了。可他们还是想找个替罪羊，于是，培根的敌人们开始拓展自己的战场。

由于培根对王室在专利权上的维护态度，议会在培根宿敌爱德华·库克的鼓动下，开始着手进行行动了。爱德华·库克是下院改革派的领军人物，也是一小撮密谋者的召集人。这一小撮人都感到受到了培根的冷落和怠慢，或受到很多委屈，其中也有人想借机把培根踩踏一番，以便自己能够升官发财。

他们借口维护国家的稳定，想把"最正义的法官"从法官的宝座上拉下来。他们批评司法界，要求弹劾大法官培根。弹劾的原因是：培根接受了待决案件的诉讼当事人的礼物。

库克他们找到两个人提供证据。他们说，法官在听证案子时收取了贿赂，其中一人付出了 100 英镑，另一个人给了 300 英镑。但这些礼物并没有使法官改变判决的内容，最后他们还是被定了罪。其中一个人说自己是个职员，指控法官后，自己反受到不良行为指控而遭到解职。但这不是事实。

当时，"贿赂"与"送礼"之间有很大的区别。送礼给政府官员并不被认为是贿赂。法院所有的开销，都要由诉讼双方支付，政府不给法院提供一分钱。法院的所有开支都来自与法院产生关系的人。"送礼"额度越大，可能越会得到有利于自己一方的处理意见。这当然不是一个很实用的体系，培根心里也很清楚。

所谓法官犯罪，是指在不顾事实真相的前提下，只为换取费用而随便做出判决。这样看来，无论是大律师培根，抑或是法官培根，都是清白无辜的。

但公众对法官培根知之甚少，再加上有人煽风点火，说不合理的"特许权"主要是听了法官的意思给了相关的人，从而使得富人更富、穷人更穷。也有人希望，"法院费用体系"应该彻底改变。改变的方式不是通过相应的程序来进行，而是通过激愤的群众打击在位的那个人来进行。

在早些时候，培根的一个朋友就提醒过他，告诉他外面群众的情绪会变得越来越危险，而培根则回答："我问心无愧。"因此，培根在给詹姆士一世的信中表白说："我自认为还不是一个无节制的忠告者，不是一个贪婪民众的压迫者，也不是一个傲慢、不能忍受的可恨的人。"

此外，培根还表示：自己从父亲那里继承下的，就是一个天生的爱国者。

培根在给白金汉的信中，进一步辩白说："我晓得我有两只干净的手和一颗纯洁的心。同时我敢说，我有一所可供朋友或仆人居住的干净的住室。不过约伯本人或任何人作为最公平的法官，如果遇到有人对他们搜求罪状，如人们对我的时候，那他们也会暂时显得很丑恶的，特别是在一个矛头指向高位，控诉成为时髦的时代尤甚。"

库克及其同党，成功地使事情朝着有利于自己的方向发展。下议院由开始讨论负担沉重的特许权问题，转而成了一场对培根的攻击。上院接受了对法官培根的贿赂指控。

当培根听到这些对自己的指控时，他感到十分的震惊。他一下子就病倒了。他把秘书叫到病床前，让他替自己起草一份遗嘱，希望把"自己的灵魂最后交给上帝"，遗体"找个没有人知道的地方掩埋"，名字"留给后代和全世界"。

虽然培根已经感到万分气馁，但最终结果却迟迟不来。有人指控培根装病，以避免面对对他的全部指控。于是培根给上院写了一封信，表示自己真的不是装病。他希望议员们别带着偏见想他，并期望得到为自己辩护的机会，有与证人们公开面对面对质的机会，并希望自己也能提供证人为自己正名。

另外，培根还请求议员们能仔细看一下他审查过的好几千宗案子，看自己到底有没有错。一旦所有的事情都拿到光天化日之下，毫无疑问，培根就会变得清白。"我的手很干净，我的头脑很平静。"他再次告诉议员们："我问心无愧。"

当然，把一切都光明正大地说清楚，这不是培根的敌人想要的结果。他们知道，如果给培根为自己辩护的机会，那他一定会全身而退。指控他的人深深地知道这一点。他们也不能容忍培根与他们的证人进行相互的质问，最好还是使一切都模糊不清。

如果听凭光明正大的法官将自己所知道的一切都暴露在阳光之下，王室里所有的弊端与腐败就会全部呈现：浪费国库，中饱私囊，卖官鬻爵，宠臣当道，任人唯亲。

民众都想改革，但必须有人为此付出代价。詹姆士国王和白金汉公爵开始紧张起来。因为这样的日子一旦来到，所有人都不会有好日子过。

其实，培根明白这件事的背景和意义，所以他上奏詹姆士一世时，力求詹姆士对议会采取压制态度。他还告诫詹姆士："现在打击你的大法官的人，恐怕将来也会打击你的王冠。"不过，培根当时说这话的目的，是为了请求国王对议会的做法采取抵制的态度，帮助他渡过难关。然而，在28年之后，詹姆士一世的儿子查理一世，果然被议会送上了断头台。培根可谓是有先见之明了。

此时，詹姆士一世心里也十分明白：这场斗争表面是整治培根，实质是为了削弱王权。因此，詹姆士在接到培根的上奏后也曾为之奔走。他曾亲自到议会去，要求议会停止对培根正在进行的处理，或者建立一个经过他挑选的包括下院12人、上院6人的委员会来处理培根的案件。不过，这些都被拒绝了。上院强调他们对罪犯审判的权威性。白金汉公爵则建议詹姆士索性解散议会，但是詹姆士未予采纳。

当这一切仍然不能奏效时，詹姆士一世竟下令囚禁了此事的幕后策划者爱德华·库克。但即便这样，也没能平息弹劾培根案。

培根其实是议会与王权斗争中的牺牲品，是詹姆士一世的替罪羊。就接受馈赠而言，培根承认确有其事。无论是接受馈赠，还是收受贿赂，这终究是事实，尤其是对一个大法官来说，更是不能容许的。

对此，培根从三个方面向国王、议会为自己做了辩解。他说：第一，他认为这些在英王朝算不了什么，是当时人们习以为常、司空见惯的事。培根认为仅仅只是这些并不能成为给他定罪的理由。第二，有些馈赠不是培根本人接受的，而是家人、仆役代他接受的。这是由于他终日既忙公务，又忙学术研究，疏于管束家人所造成的。这是他的失职之处。第三，培根认为自己没有因为接受馈赠而"贪赃枉法"，以颠倒是非黑白的判决作为回报。

培根在《论司法》一文中曾说：

律法的神圣性，不仅体现于司法身上，而且也体现于执法者的身上。《圣经》上所说的，"从荆棘之中是采不到葡萄的"，从那些贪婪的吏役荆棘丛中也是不能结出美果来的。

每一名法官首先应当牢记罗马十二铜表法结尾的那个警句："使人民幸福就是最高的法律。"应当知道，一切法律如果不以这一目标为准绳，则所谓公正就不过是一句梦呓。因此就这一点而论，法官与君主和执法者负有共同的使命，他们应当携起手来，以避免司法与政治发生矛盾。

法律与政策绝不是对立的，而是密切相关的，所罗门王的宝座前站着两只狮子。法官正是王座前的狮子。法官的最高职责，就是贤明地依据法律作出裁判。对于这一点，圣保罗说："我们知道法律是好的，只要人正确地运用它。"

培根的自我辩护是有一定道理的，因为当时行贿受贿索贿这种事，上自国王、下至一般的小官吏，十分风行。詹姆士一世自己就是一个卖官鬻爵以中饱私囊者。他曾对西班牙大使说："如果把我这里受过贿赂的官员都解除职务，那就没有一个人为我的王国服务了。"

对培根来说，他的确没有因接受馈赠而贪赃枉法，在他审理、判决的案件中，没有发现因为接受馈赠而偏袒某个人的。所以，培根案发下台后，他所审理的案件没有一个要求平反。

1621年4月底，培根被指控犯有28项受贿罪。所有的指控者都宣称，他们给他送过礼。现在该是站到法庭上，对这些指控进行反击的时候了。但是，令人难以置信的是，培根没有这么做。

4月21日，培根给国王写了一封信，信中表示要将印玺交还给国王，以此来换取免于对他的起诉和判决。培根认为，在忏悔的基础上交出国玺，这是400年来最严厉的惩处了。

培根将不对所有指控进行辩解，这无异于承认自己有罪。上下两院对此惊愕不已，仿佛投下了一枚重磅炸弹。身为法官却不为自己辩解开脱？那只能说明一件事情：弗朗西斯·培根真的有罪。

4月22日，培根又通过查理王子，呈交给议会一封"悔过与恳求"的信。他在信中说："现在我只有毫无掩饰地承认，我在得悉对我的控诉的详情后，我发现有足够的材料使我放弃辩护，并请求各位贵族对我加以谴责和申斥。"

但是，培根同时也提醒议会："各位贵族不要忘记，这不仅有我个人的过错，也有时代的过错。"为此，培根提出："我谦恭地恳求各位贵族，以我的忏悔作为对我的判决，交出国玺作为对我的惩处，而你们则不要做任何进一步的宣判了。"

培根是在病榻上写就这封信的，人们认为他可能活不了几天了。

1621年4月29日，培根的信在上院宣读后，会场上长时间地寂静无声。后来查理王子和白金汉公爵表示接受这一忏悔。

但是，从前埃塞克斯案的同谋舒桑顿则提出："培根是以受贿罪被指控的，但他在认罪书中却没有提到受贿和对腐化行为的忏悔。这怎么可以接受？"

1621年4月30日，当培根知道上院对自己"忏悔信"的反映后，心里实在是难过极了。他整天茶饭不思，经过一番思想斗争后，晚上他又给议会写信，承认了受贿的罪行。

当培根写到"曾从未从诉讼的当事人手中接受过金钱"这句话时，握笔的手哆哆嗦嗦得几乎不能下笔，好不容易写成字句，又用笔涂抹掉了。就这样，删改了几次才写完这封"认罪书"。写完后，他顿感筋疲力尽，长叹了一声，便瘫倒在床上。

5月1日上午，培根迷迷糊糊地从床上爬起来，他两眼布满了血丝，眼袋下沉，背驼腰弯，一夜之间，他居然变成了一位老态龙钟的老人。他脸也没顾得洗，就用嘶哑的声音唤来仆人，让他们把信送到议会。

1621年5月3日，除了白金汉公爵持反对意见外，上院终于通过了对培根的宣判，并正式公报如下：

1. 圣奥尔本斯子爵、英国大法官须付罚金及赎金40000英镑。
2. 圣奥尔本斯子爵必须监禁于伦敦塔以候王命。
3. 在国家或联邦中永不被雇用，不得担任任何官职。
4. 不得任国会议员，不得进入宫廷范围以内地区。

这最后一条意味着弗朗西斯·圣奥尔本斯子爵将永远被隔绝在皇室外面。也就是说，他将永远不许再走近伦敦一步。这是相当残酷的判决。作为受贿罪，这一判决简直是太离谱了。

对此，英国哲学家罗素后来在评论培根的这段经历时这样写道：

在那个年代，法律界的道德有些废弛堕落。几乎每个法官都接受馈赠，而且通常双方都收。

培根获罪本是一场党派争斗中的风波，并不是因为他格外有罪。

这个案件对培根的打击实在是太大了。当培根拿到判决书之后，没有读完，他就瘫倒在床上，两天水米未进。家里人都十分焦急，请来医生为他诊治。

3天后，培根有气无力地坐起来。他脸色蜡黄，颤颤巍巍地移步到桌前，右手哆嗦着握住笔，断断续续地写了一份遗嘱。

培根并没有马上被收押进塔楼，直至南安普敦伯爵向上院抱怨，

· 173 ·

为什么还不将弗朗西斯关押囚禁到塔楼去？南安普敦伯爵曾一直是培根的朋友，但他一直对埃塞克斯案件中培根所扮演的角色耿耿于怀。

白金汉公爵解释道，是国王允许延后收押的，因为培根已经有重病在身。其实，白金汉公爵与国王都明白，培根不该受到如此的审判，但政敌们一再坚持立即收押囚禁他。

对于这个判决，培根在给白金汉公爵的信里说："我承认这是近200年来国会所做的一次最公正的裁决。为了改革，这是合适的。"同时，培根指出："我可以说是自尼古拉·培根以来，已更迭5任的最公正的法官。"培根的这番话是含有极大的讽刺意味的，他用这种矛盾的陈述，暗示了当时英国宫廷中贿赂风行的腐败政治情况。

通过贬黜培根大法官，国会还在一定程度上达到了打击王权的目的。培根案后，英王室在政府中的特权受到了冲击，国会全面展开了对专利权问题的讨论，而在过去詹姆士一世是决不允许这样做的。同时也树起了国会对法庭的最高权威，审判无须与国王商议，也不容国王干涉。

培根被关进了可怕的塔楼囚牢之中。在历史上，培根的很多亲戚都曾被关押于此。但是，4天后，培根出狱了，并被安排到威尔士王储的一处住所歇息。王室也废除了对他的罚款判决。法官的头衔并没有被剥夺，尽管他不再担任公职，但是这一头衔他可以使用一辈子。

后来，听很多人说，国王经常哀叹，再也听不到法官的进言了。"唉，要是我那位老法官在身边就好了，什么事情很快就能解决了。"国王陛下一有什么解决不了的难题，就想起培根。

但是，培根仍然不能进入王宫。判决书上规定他必须保持离王宫12000米以外，还规定他不能走近伦敦最豪华的地方。没办法，培根只能再次搬回乡下的古汉堡家里。

当培根踏上回家之路时，很多朋友和祝福者们都陪着他一路走去，这些人想以此表示相信培根的清白。当威尔士王储看到这一场面时，不禁说道："这人这样走了，他是在蔑视我们。"此言不假。

约翰·张伯伦在与卡灵顿从未间断的通信中写道：

> 今天，他走了。我听说，他回乡下古汉堡老家去了。但他一点儿也没有表现出自己是灰溜溜走的，他本应该表现得很沮丧才是。他还是那个样子，一副闲暇、幽默的样子，一如他在位时一样。

1621 年 6 月 4 日，培根致函国王，感谢国王给了他自由；而且提出，国王在他的麻烦产生之初，曾为他的际遇掉过泪，他希望今后国王仍继续给予他恩宠之露。他表示，活着就要为国王服务，否则就没意义了。

同一天，培根也致函白金汉公爵，感激公爵使他获释。同时又提出，除非他能继续为国王、为公爵服务，否则他的身躯虽出狱了，但精神却仍在牢狱之中。

此时的培根，仍未放弃对政治生涯的追求，他努力谋求着政治职位。

其实，培根不仅是伟大的学者和科学家，在政治、法律活动方面，他也有杰出的才能。他担任大法官后，曾迅速解决了大量积存了几十年的陈案。在西方法学界，作为法律思想家的培根至今仍受到很高的评价。在英国培养律师的葛莱公会里，至今仍有培根的铜像。

但是，无论培根有多么杰出的才干，受贿一案还是终结了他的仕途，培根被逐出了官场。之后，他与妻子爱丽斯的感情也破裂了，这对培根来说是雪上加霜。

还是在受审关押期间，培根对自己一生做过深沉的自省和忏悔。其间他一度身染重病，在死亡线上挣扎。因此他写过一篇著名的忏悔祷词，其中有这么一段自我评价：

仁慈的主，面对我的无数罪孽，

我在你面前深沉自省。

我感谢恩赐我以才能。

对这一才能，我既没有埋没，

也没将它们用在可能给我带来最大利益的场所。

遗憾的是，我经常误用它们于不适宜的事物上。

我是人的旅途中一个迷途者，

我的灵魂对于我的肉体是陌生的！

在这一忏悔中，培根懊悔不该久久迷恋仕途。同时，他又有一种信念，上帝赋予他的作为一个学者和科学家的才能，他不曾也不会埋没。

引领时代的潮流

　　在人类历史的长河中，真理因为像黄金一样重，总是沉于河底而很难被人发现，相反，那些牛粪一样轻的谬误倒漂浮在上面到处泛滥。

—— 培 根

身处厄运仍笔耕不辍

培根尽管热衷于做官为宦，但他的志向远远不只在这一个方面。他想给不幸的爱尔兰带来和平与安定，想简化英国法律，改革教会，研究自然，建立一种新的哲学。要达到这些目的，除了利用做官的地位和权势外，他还一直在著书立说，推行他的各种主张。

由于他自己经历了宦海的浮沉，阅历丰富、眼界开阔、思想敏锐，因而写出的东西能够力透纸背，具有振聋发聩的作用。在受贿案结束之后，培根随即脱离了政治生涯，专门从事学术研究和著述活动。

一项计划已经在进行之中，经过合理的分配时间，加上有助手帮助，培根的计划进行得相当顺利。但最让培根日思夜想的，是关于理想联邦国的计划。

培根一刻也没有忘记，那个"遥远的国度与几个世纪后的未来"。

培根描述那个地方，并为此写出一段传奇故事，让人们相信他们将要看到的是怎样的国度。建立一个更趋完美的国家，一直是培根梦寐以求的事情。如果这个完美的国家不能在英国建立，那就只能寄希望于大洋对岸了。

从文学与哲学的观点来看，由此，培根才真正开始了他生涯中最有价值的历程，其暮年是培根一生中最光荣的阶段。

培根每天清晨就起床伏案写作，查阅各种资料。累了，他就在书房里来回走走，或用冷水洗洗脸、擦擦手，活动一下四肢。中午稍微休息一下，起床后就立即工作，一直忙到深夜。

培根生命中的最后几年，是他生活得最艰苦、最顽强，也是最卓有成效的几年。为了减少与他人的往来，也为了节约经济开支，用培根自己的话说是"为了安静，并且更简单"地生活，在受贿案宣判后，他又重新住在葛莱公会的老房子里。

振作起来的培根写了一篇《论厄运》的文章，增补于他的《论说文集》中。

可以说，这篇文章正是培根这一时期心态的真实写照。培根在文章中写道：

> 顺境的美德是节制，逆境的美德是坚忍。这后一种是较为伟大的一种德性。
>
> 顺境是《旧约》所宣布的福祉，逆境是《新约》所宣布的福祉，而新约者乃是福音更大、昭示上帝的旨意更为清晰之书。
>
> 好的运气令人羡慕，而战胜厄运则更令人惊叹，这是塞尼卡得之于斯多亚派哲学的名言。
>
> 确实如此，超越自然的奇迹，总是在对厄运的征服中出现的。塞尼卡又曾说："真正的伟人是像神那样无所畏惧的凡人。"这是一句宛如诗歌一样美的名言。
>
> 在圣诗中，哀歌是与颂歌相伴的，而圣灵对约伯所受苦难的刻画比对所罗门财富的刻画更为动人。．
>
> 一切幸运都并非没有烦恼，而一切厄运也绝非没有希望。最美的刺绣，是以明丽的花朵映衬于暗淡的背景，而绝不是以暗淡的花朵映衬于美丽的背景。
>
> 从这图像中吸取启示吧！人的美德犹如名贵的香料，在烈火焚烧中散发出最浓郁的芳香。正如恶劣的品质可以在幸运中暴露一样，最美好的品质也正是在厄运中被显示的。

这是培根的心曲。培根要在厄运中表现其最美好的品质，他在这个时期的学术活动简直就是一个奇迹。

此时的培根，已经60多岁了，他的身体一向就不太好，精力也大不如前了。但是，培根就在这年迈、体弱多病的情况下，凭着惊人的毅力和速度，在他下台后的几个月里，就完成了《亨利七世》。此书被后人称为"近代史学著作的里程碑"。

培根在《亨利七世》中，流露出对一位开明君主的仰慕之情，同时也反映了培根此时的心境。由于培根掌握了大量的历史资料，在写作过程中又做了认真的考证，所以培根在《亨利七世》中挖掘出许多新的东西，引发出一些新的思想。

培根虽然是初次撰写关于政治历史方面的著作，但他写得十分出色。许多人在读过《亨利七世》之后，就好像跨过时空，又回到100多年前的英国。资本原始积累初期的亨利七世，在培根的笔下复活了。

《亨利七世》获得了普遍好评。荷兰著名法学家格罗蒂斯·雨果和英国著名哲学家约翰·洛克，都称赞这部书富有哲学意味，是史学著作的楷模。马克思在写作《资本论》时，也援引了其中的资料。

培根的体质一向都很差，再加上长年伏案写作，身体就越发地衰弱了。作为一个思想家，培根比谁都懂得身体健康对于事业的重要意义。多年来，培根非常注意自己的饮食起居，保持良好的卫生习惯。

有一天，秘书罗莱劝培根说："您年岁大了，应该注意适当休息，不要太劳累了。"

培根用手指着自己的脑袋，幽默地对罗莱说："只要上帝保佑我头脑清醒，手能握笔，我就可以完成拟订好的写作计划。"

在完成了《亨利七世》之后，培根开始写《亨利八世》，并写出了大不列颠史的大纲，培根还为他的《英国律苏格兰律提要》做了笔记。这段时间，培根比较集中地撰写政治历史方面的著作，这可能与他在受贿案宣判前对詹姆士一世的承诺有关。

1621 年 4 月，培根上书詹姆士一世，请求帮助使他免予起诉时就提出："受贿赂的人易于给人以贿赂。假如陛下给予我安宁和闲暇，上帝给予我健康，我将献给国王一部好的历史和较好的法律提要。""至于我本人，我发现适于我的莫过于研究真理。"

除了写政治历史、法律方面的著作外，培根主要还是继续他的哲学研究。

1623 年，培根出版了一本未完的哲学小说《新阿提兰提斯》。这本书阐述了培根的一种半实际半诗意的关于组织一个思想家的团体的想法。1662 年建立的著名的英国皇家学会，算是部分实现了他的这种想法。

这一年，《论学术的进展》的拉丁文增译本刊行。在给国王的献词中，培根写道："我也许更适宜做一个哲学和科学方面的建造者，但是，我不惜做一个普通工人、挑夫，诸如此类的为大家所需要的人；把许多非做不可，而别人由于天生的骄傲而规避或拒绝做的事情亲自负担起来，亲自去执行。"

培根不仅这么说了，他也这么做了。培根很早就开始做"小工"的工作了。

1608 年，培根写过一部《随笔》，这是他用一周时间，把以前的思考和实践，就记忆所及，信笔写下的记录。

例如，培根记下为了某件可能发生的事，他是如何做了长期准备的；他又如何不避困难完成眼前的某项任务，并表示准备做更困难的工作；他还观察自我，纠正自己的过失和不足，如改进自己说话时的声音和姿势；他健康不佳，记下如何保持个人健康，观察身上出现的大小症候。

培根还记下他的收入、支出和债务，如何管理和处理自己的土地和珠宝，以及新建一些花园的设想等。这些都是日常琐事，对培根的哲学研究可能毫无裨益，但从他写《随笔》这件事中，却能反映出一种精神。

以培根的地位和才智而自任"挑夫"，这给了后人良好而深刻的影响。18世纪法国的狄德罗，为了编纂"百科全书"有关实用的工艺、技术及其工具、机械的制造、操作的词条和附图，也是自任"小工"、"挑夫"，亲自到有关的现场向能工巧匠请教学习，收集资料。狄德罗崇拜培根，可以说在这方面培根为他树立了榜样。

暮年时的培根，念念不忘的仍然是完成他的《伟大的复兴》。首先他为了给"科学和实验的历史"做准备，开始研究具体的"自然现象的历史"，计划每个月出版一种关于自然现象的书。培根在晚年体弱多病的情况下，每年要出版12种书，还要保证质量，这显然是不可能的。

但是，在培根的顽强努力下，1622年11月，其著作《风的历史》出版了。《生与死的历史》后来也终于出版了，但遗憾的是，这本书成了培根伟大计划中所能够完成的最后一项了。

1623年，培根把主要精力放到写作《伟大的复兴》第一部分上。他的意图是把这部分作为一项关于"科学分类"的著作、一种知识世界的地图。

过去，培根曾想以《论学术的进展》来担当这部分的任务，现在他感到《论学术的进展》还远远不够，可要重新撰写这个题目的新著作又毫无希望。于是他就下决心修改《论学术的进展》，以补空缺。

在修改的过程中，培根增添了大量的新材料，把原来的两卷扩充到九卷，并且全书都用拉丁文写成。翻译的工作，有些是他本人做的，有些是请人翻译的，不过这些翻译工作都是在培根的监督下完成的。修订本取名为《论科学的价值和发展》，于1623年10月出版。

营造科学的理想国

1624 年，培根开始执笔撰写《与西班牙之战争研究》、《译诗选》、《格言集》和《新大西岛》。

《新大西岛》是一部乌托邦作品，但它与当时流行的同一形式的作品不同，它没有对现存的制度进行揭露和批判，而主要是培根把自己毕生所考虑和思索的，关于科学技术在社会发展中的巨大作用，以及怎样运用社会各种力量，促进科学技术发展的思想信念，都集中倾注在一个科学主宰一切的理想的社会图景里。

培根采用当时流行的游记体裁，描写了主人公一行人漂流到一座海岛，受到接待的情况，以及岛上的历史和岛民的生活习俗。书中内容富有神奇色彩，对话生动，引人入胜。

培根在书中描写说：在距今 1900 多年前，新大西岛有一个本色列国，是由一个名叫所罗蒙那的国王建立的。本色列国实行的是君主制，国王是这个国家的立法者，他以人道主义的精神治理国家。在这个国家里，民众贫富悬殊、等级森严，有"陷于贫困"、需要"予以解救和帮助"的穷人，有百万富翁和地位很高的元老、首长，有享受特惠权、特免权的特殊的贵族阶级，也有服役于人的佣人和传者。金钱在这个国家里有巨大的支配作用。尽管如此，由于国王的贤明，本色列国的民众仍然过着美满幸福的生活。

很显然，本色列国的社会制度和政治制度，是当时英国社会政治制度的翻版。培根对这样的社会制度不但没有揭露和批判，反而持肯定和赞赏的态度。

在本色列国，所罗蒙那国王十分注重科学知识的价值和功能。在他许多光辉的业绩中，最突出的就是所罗门院的创建。

培根在书中这样形容所罗门院：

> 这是一个教团、一个公会，是世界上最崇高的组织，也是这个国家的指路明灯。它是专为研究上帝所创造的自然和人类而建立的，目的是要探讨事物的本质和它们运行的秘密，并扩大人类的知识领域，以使一切理想的实现成为可能。

培根笔下的所罗门院实际上是一个设施完善、科研部门齐全的科学研究机构，在这里的科研人员，整日忙忙碌碌地进行着各种各样的科学实验和研究。建所罗门院的目的，就是研究万物之因和万物运动的奥秘，以增强人类控制万物的能力。

这个研究机关的研究方法是实验，因此所罗门院里有各种实验设备，如热能的实验、声音的实验、气味的实验等，不一而足，其中有很多还十分有趣。其中试验热能，有各种炉来测试强势、速热、恒热、温热，模仿太阳和其他天体的热，测量粪便的温度、生物腹热、口腔热、血的温度、体温、湿草和石灰的热度。还有一些仪器可以利用运动产生热。诸如此类的奇思妙想跃然纸上。

所罗门院有植物园，这里种植着各种各样的树木花草，人们将它们嫁接、改良，使之"产生出各种异乎寻常的新品种，并能使一种树或一种植物变为另外一种"。

所罗门院还建有动物园，里面有各种奇珍异兽。在这里，人们除了对它们做各种医学上的解剖外，还繁殖、培育新品种。"用各种技术使它们长得异常高大，或者相反，使它们特别矮小或者停止生长"，"或者使它们有特别强的繁殖力，或者相反，使它们失去繁殖能力不能繁衍"。此外，还使不同种类的鸟或兽类杂交，以便产生新的品种。

对社会现实洞悉透彻的培根，知道科学工作如果得不到权力的扶持，不能和权力结合在一起，要想复兴是十分困难的。要想使科学得到长足的发展，就必须让研究科学的人拥有一定的权力。

因此，培根在《新大西岛》中，让所罗门院元老的权力和地位与国王相等，而且让从事科学事业的人，不只在科学和精神王国里称王，而且在世俗的王国里也凌驾于国王之上。所以说，《新大西岛》是培根的理想国。

塑造"所罗门院"，无疑是对英国大学的批判。培根写了这些实验后，就搁笔了。因而，《新大西岛》是一部未完的书稿。

在培根去世后的第二年，即1627年，《新大西岛》由罗莱首次发表。通过《新大西岛》，人们可以更好地把握培根的一系列关于科学哲学的思想以及社会伦理观。

在现实生活中，培根并不止于把他毕生怀抱的科学复兴的志向，仅仅寄托于空想社会，由未来去实现。

培根作为一位时代巨人的可贵之处，还在于他坚忍不拔的执着追求。他治愈了心灵上的重大创伤，摆脱了时代和贵族特有的偏见，脚踏实地地从事着促使科学复兴的每一个具体细小的事情。培根的最后岁月为"百科全书"所做的工作便是如此。

培根《伟大的复兴》的第三部分，是作为新哲学基础的自然与实验的历史，即"科学与技术的百科全书"。

1622年，培根为百科全书写了第一个分册《风的历史》；1623年，他完成了第二个分册《生与死的历史》。其余的时间除修订增补《论说文集》的第三版外，他差不多将精力全倾注于百科全书材料的汇集工作上了。

培根辛勤地把自己所能得到的，主要是有关古代及近代的自然史材料，全部不加选择地汇集起来。《林木集》就是由这么一些材料汇集的集子。

　　培根很看重《林木集》，他认为这本集子至少会有助于《伟大的复兴》第三部分，即自然与实验的历史所需材料的分类整理。

　　1625 年，培根身体不佳，他在给富尔简蒂奥神父的信中写道：

　　　　我不可能完成自然史的写作了。但我已经把自然史清楚明白地描述过，如同已把任务交付给后人一样。我深信《林木集》至少有助于《伟大的复兴》的第三部分，即自然与实验的历史所需材料的整理。

　　培根在自己生命中最后的日子里，大部分时间和精力都倾注于《林木集》的著述。这本集子由罗莱于培根去世后的第二年，与《新大西岛》同时出版。

为科学献身的伟人

培根患有周期性发作的热证。贿赂案发生时，他曾一度病危，后来虽然治愈，但身体状况已大不如前了。

有段时间，培根看上去比实际年龄老了很多。几十年的重压、失望，不断生病以及失眠，都在他的脸上刻下了深刻的印痕，甚至连他敏捷的思维和不屈的灵魂，都不能将这种印痕洗刷掉。

1625年春天，培根对《论说文集》进行了大量的修改和补充，出版了第三个版本。他抚摸着新印制的书，像抱着新生的婴儿一样，对封面仔细观看了许久，然后轻轻翻开书，闻着淡淡的油墨香，心里有一种说不出的欣慰和愉悦。

培根翻阅着书中论人生、论社会的文章，每一篇都与他的生活经历有关，每一篇都是他的生活经验的总结。看着这些，他的两眼开始模糊了，往事一幕幕地浮上心头，种种滋味，难以说清。

1625年3月，詹姆士国王因患疟疾而故去。新登基的查尔斯国王在很多方面，都与父亲不同。培根对此十分清楚，他曾当过查尔斯的老师。

一切已今非昔比。人人都清楚，此时真正掌握实权的是白金汉公爵，年轻的查尔斯国王不过是他手中的一个小木偶。新国王

太赢弱，也缺乏对事物的判断能力。培根预见到了查尔斯统治的最终命运：在斯图亚特王朝内，朝臣们自私自利，君主政体几乎陷于瘫痪。

查尔斯继承王位之后，培根请求取消对自己当年的判决。因为其他当年被判决的人，都得到了完全的赦免。

培根知道老詹姆士国王最后也一定会赦免他，只是老国王已经死了，这位新国王却在推托。培根在给查尔斯国王的信中说："我希望自己不是唯一没有得到赦免的人。"但是，赦免书却迟迟不来。

培根夫人爱丽斯去了一趟伦敦，她要面见白金汉公爵，代表自己的丈夫请他向新国王提出赦免培根的请求。爱丽斯在去伦敦时，还刻意打扮了一番，所乘坐的马车也是当时最好的。但是爱丽斯缺乏丈夫培根的那种内在气质，也由于培根的被贬使她蒙羞。

在她眼中，如果不是在刚刚嫁给培根的时候，也会在后来的某些日子里，他看上去就是个乏味无趣的老头子。他的年龄更接近她的父亲，而不是她。

有段时间，培根和爱丽斯看上去好像分居了。在 1625 年，培根修改了遗嘱。至于为什么要修改，原因并不清楚。最早的遗嘱是在 1621 年写的。当时，培根正在遭受审判。

在遗嘱中，培根将分配给爱丽斯的遗产内容做了详细说明："把所有钱物留给子爵夫人，使她保持能拥有此房产的竞争能力。"在 4 年之后，一切都发生了变化。英国法律要求，必须给遗孀留下一定数额的财物。

培根的一份简洁的遗嘱附录，撤销了早先说好留给爱丽斯的那份遗产："我在原来的遗嘱中曾允诺、同意、证实或指派给我妻子的所有一切，现在皆因公正与更大的事业，全部撤销，宣布无效。仅将她以妻子权利所应当得到的给予保留。"

培根去世前的第 11 天，爱丽斯与他们家的门房结婚了。

1626 年 1 月底，培根刚过完 65 岁的生日，他就开始感到了年岁的压迫和因此带来的巨大的压力。他曾试图吃些补药，舒解痛苦，但效果不是很好。

培根在逝世前的相当长的一段时间里，健康状况已经很糟糕了，但他仍坚持不懈地进行学术研究。

1626 年 3 月底，一个春意盎然的日子，空气潮湿而凉爽，地上还有未化的积雪。培根在一个叫威特伯恩的苏格兰医生的陪护下，从伦敦出来，搭乘一辆四轮马车，朝伦敦北郊的海盖特而去，那里有更好的空气。

据培根的秘书说："当时地上的积雪，使培根突然产生了一个念头，雪和盐可否一样能起到防腐的作用？于是，他决定立即做个冷冻防腐的实验。他下了车，到海盖特山脚下一个穷妇人的屋里，买了一只鸡，让妇人去除内脏，然后在鸡腔里塞满雪。爵士自己也帮着去做。"培根刚做完这件事，就觉得浑身发冷。

这时，培根已无法回到葛莱公会的寓所，于是被抬到了阿伦德尔伯爵在海盖特的家中。此时的阿伦德尔正因为安排自己的儿子秘密娶了一位王室里的姑娘，在塔楼里遭囚禁。

培根知道阿伦德尔不在家。阿伦德尔的忠实管家迎接了这位不速之客，马上准备床铺让他休息。然而，这床已经有近一年没人睡过了，很潮湿。由于身体着了凉，加上床榻又潮又冷，结果培根感冒了，并发起了高烧。

开始时，培根并未意识到病情的严重，他还清醒地给主人阿伦德尔伯爵写了一封感谢信，兴奋地告诉伯爵，他的冷冻母鸡实验大获成功。同时，他还风趣地把自己冒着严寒做实验的举动，与老普林尼要在维苏威火山附近观看它的爆发的决心相提并论。

培根写道："我有着类似老普林尼的命运，由于企图要做关于维苏威火山的实验而丧失了自己的生命。"

他的命运不幸被自己言中了。培根终因支气管窒息，于 1626 年 4 月 9 日，很平和地离开了这个世界。

培根和老普林尼两位伟大的科学史家，都是为科学献出了自己的生命！培根成全了他自己所盼望的"在热烈的搜求中静静地死去"。

临去世时，培根在遗嘱中，指明除把部分遗产留给他的管家、仆人外，其余规定了一个总数作为大学设置自然哲学和科学讲座的基金，以及 25 个名额的学生奖学金。

不过，实际上，培根在去世时，他的负债总数已达 22371 英镑，而他的财产估价仅为 7000 镑，因此大学实际未能获得这笔捐赠。

在培根的遗嘱中，他要求把自己葬在离圣奥尔本斯不远的圣迈克教堂里。培根的理由是："我母亲就埋在那里，那里也是唯一的基督教堂。"培根要求把他葬在安妮·培根夫人所在的教堂里，她是唯一没有离弃他的人。

培根的秘书托马斯·米奥蒂斯为他在教堂中立了纪念碑，碑上是培根坐着的雕像。罗莱称赞这雕像逼真地表现了培根凝神沉思时的样子。

附 录

　　友谊的一大奇特作用是：如果你把快乐告诉一个朋友，你将得到两个快乐；而如果你把忧愁向一个朋友倾吐，你将被分掉一半忧愁。

—— 培　根

经典故事

面对惯匪秉公执法

在弗朗西斯·培根任法官的时候，有一天家里来了一位不速之客。此人名叫荷克，是一名惯匪。法院正在对他进行侦讯起诉，看来非判死刑不可。于是荷克冒昧造访，想请培根救他一命。

荷克的理由是："荷克"（意为"猪"）和培根（意为"熏肉"）有亲属关系！

培根笑着回答说："朋友，你若不被吊死，我们是没法成为亲戚的。因为猪要死后才能变成熏肉！"

对朋友知恩图报

1595 年，当埃塞克斯伯爵屡次为培根求职、办事不成之后，他感到很对不起培根，于是便把自己的价值 1800 英镑的蒂凯汉大庄园赠送给培根，以缓解其经济和精神方面的压力。

同时，埃塞克斯还附了一封短信说："您选择我作为靠山，真是倒霉透了。您已经为我的事情花费了许多时间和精力。我希望您不会拒绝接受赠给您的这块土地吧！"这对长期在贫困中度日的培根，无异于雪中送炭。

培根对埃塞克斯的热情帮助和关心，也十分感激，尽量报答。埃塞克斯有什么郊游或者朋友聚会，培根总是参加作陪。只要埃塞克斯需要培根帮忙，如起草文件、撰写给女王的颂辞等，他总是随叫随到，尽力办好。

有一次，培根为埃塞克斯的朋友聚会助兴，写了一个宫廷剧本。培根经常以埃塞克斯的忠实朋友，或者私人顾问的身份，给予埃塞克斯有益的指导，使他在仕途上绕过了许多险滩，避免了许多不幸遭遇。

培根曾说："我曾经花了许多时间，研究怎样使伯爵成为国家的栋梁之材、女王忠诚善良的仆人。"在这段时间，培根花在这些事情上的时间，比在其他任何事情上的时间都多得多。

勇于批判旧哲学

《时代的勇敢产儿》，从书名就可以看出培根的谦虚和自信。不过，尽管培根为人十分谦虚，但他对旧哲学的批判是毫不留情面的。

有一天，培根正在书房撰写《时代的勇敢产儿》。这时，一位要好的朋友来访，问他："你整天闭门不出在忙什么？"

培根说："我正在撰写一部哲学著作，我要对亚里士多德、柏拉图等人的哲学逐一进行严厉的批判。"

这位友人一听，立刻惊异得瞪大了眼睛说："这样做是否有点儿太狂妄了？"

培根说："不是狂妄。我感到我们这一代人有责任批判这些愚弄人的神学家、最坏的诡辩家，使后人能真正认识自然、支配自然。"

果然，培根在这部书中，对旧哲学进行了法庭审讯式的严厉批判。

身居高位善待僚属

培根是一位杰出的国务活动家，同时也是一位思想家、哲学家。

他日常公务繁忙，但余暇又不忘复兴科学的大志。他除了挤时间进行研究和写作之外，还忙里偷闲地出席各种宴会和沙龙。

培根机智、幽默，且非常富有人情味，他的僚属和朋友都认为陪他赴宴是一件非常幸福的事。一位朋友曾赞扬说："与培根共同进餐，不仅嘴巴和胃得到享受，耳朵也能得到少有的享受；不仅滋补了身体，还滋补了自己的精神。那是非常愉悦的事，千万不能错过。"

虽然培根身居高位，但他平易近人，因此很得众人的尊重。由于培根知识渊博、聪慧过人，他的话里饱含着哲理，当他和朋友们相聚时，即使随便聊天，大家都觉得很受启发。众人除了洗耳恭听之外，事后还要把他说的话追记下来。

培根既懂得尊重他人，也懂得谈话的艺术。朋友聚会，他从不一个人包揽话题，从不滔滔不绝地讲个没完。他会很巧妙地引导大家交谈，而把自己变成交谈的主角。

一位朋友说："在交谈中，培根从不居高临下、教训别人，也不争强好胜、使人难堪。他常常赞许别人的观点，启发朋友们敞开心扉谈自己的意见，尤其是谈自己最懂得和最想懂得的问题。"

朋友们愿意与培根交谈的另一原因，是由于培根有一种特殊的能力。

当培根复述朋友的话时，人们会发现话已被他修改、润色过了，意思还是原来的，但表达的方式不一样了，变得更生动形象、更精彩、更传神。

与培根交谈的朋友不只受到启发，而且还会感到自己的思想得到了升华。

年　谱

1561 年 1 月 22 日，弗朗西斯·培根出生于伦敦一个官宦世家。

1573 年，培根被送入剑桥大学三一学院深造。在校学习期间，他对传统的观念和信仰产生了怀疑，开始独自思考社会和人生的真谛。

1576 年，培根作为英国驻法大使埃米阿斯·鲍莱爵士的随员来到法国，成为驻法最年轻的外交官。

1579 年，培根的父亲突然病逝，他的生活开始陷入贫困。不久，培根住进葛莱学校攻读法律。

1582 年，培根取得律师资格。

1584 年，培根当选为国会议员。

1589 年，培根成为法院候补书记。此时，培根在思想上更为成熟，他把经验观察、事实依据、实践效果引入认识论。这一伟大抱负是他的科学的"伟大复兴"的主要目标，是他为之奋斗一生的志向。

1597 年，培根发表了他的处女作《论说文集》。他在书中将自己对社会的认识和思考，以及对人生的理解，浓缩成许多富有哲理的名言警句，受到广大读者的欢迎。

1603 年，伊丽莎白女王去世，詹姆士一世继位。培根从此平步青云，同年被封为爵士。

1604 年，培根被任命为国王詹姆士一世的顾问。

1605 年，培根用英语完成了两卷集《论学术的进展》。这是以知识为研究对象的一部著作，是培根声称要以知识为领域，全面改革知识的宏大理想和计划的一部分。

1607 年，培根被任命为副检察长。

1609 年，出版《古人的智慧》。培根认为在远古时代，存在着人类最古老的智慧，可以通过对古代寓言故事的研究而发现失去的最古老的智慧。

1613 年，被委任为首席检察官。

1616 年，被任命为枢密院顾问。

1617 年，被提升为掌玺大臣。

1618 年，晋升为英格兰的大法官，授封为维鲁兰男爵。

1620 年，出版《新工具》。《新工具》是培根最重要的哲学著作，它提出了培根在近代所开创的经验认识原则和经验认识方法。

1621 年，培根受封为奥尔本斯子爵。这一时期，培根在学术研究上取得了丰硕的成果，并出版了多部著作。

1621 年，培根被国会指控贪污受贿。从此培根不理政事，开始专心从事理论著述。

1623 年，培根写作了《新大西岛》一书，这是一部尚未完成的乌托邦式的作品，由罗莱在培根去世的第二年首次发表。这本书是培根毕生所倡导的科学的"伟大复兴"的思想信念的集中表现。

1626 年 4 月 9 日清晨，培根病逝。

名 言

● 知识就是力量。

● 时间是衡量事业的标准。

● 读书使人成为完善的人。

● 合理地安排时间，就等于节约时间。

● 没有友谊，则世上不过是一片荒野。

● 由智慧所养成的习惯能成为第二天性。

● 一个机敏谨慎的人，一定会交一个好运。

● 一个自身无德的人见别人有德必怀嫉妒。

● 最能保人心神健康的预防药，就是朋友的忠言规谏。

● 在开端起始时善用时机，再没有比这种智慧更大的了。

● 有些书只需品尝，有些需要吞咽，还有少数的应该细嚼。

● 炫耀于外表的才干徒然令人赞羡，而深藏未露的才干则能带来

幸运。

● 顺境的美德是节制，逆境的美德是坚忍。这后一种是较为伟大

的一种德性。

●内容丰富的言辞就像闪闪发光的珠子。真正聪明睿智的却是言辞简短的。

●在读书的时候，我们与智者交谈；在生活的事务中，我们通常都是与愚人交谈。

●人类智慧和知识的形象将在书中永存，它们能免遭时间的磨损，并可永远得到翻新。

●只知哲学的一些皮毛的人，思想会导向无神论。但是，深入了解哲学，会把人带回宗教。

●书籍是在时代的波涛中航行的思想之船，它小心翼翼地把珍贵的货物运送给一代又一代。

●美貌倘若生于一个品德高尚的人身上，当然是很光彩的；品行不端的人在它面前，则要自惭形秽了。

●除了知识和学问之外，世上没有任何其他力量能在人的精神和心灵中，在人的思想、想象、见解和信仰中建立起统治和权威。

●狡猾就是一种阴险邪恶的聪明。一个狡猾的人与一个聪明的人之间，却有一种很大的差异，这差异不但是在诚实上，而且是在才能上。

●集体的习惯，其力量更大于个人的习惯。因此，如果有一个有良好道德风气的社会环境，是最有利于培训好的社会公民的。

●状貌之美胜于颜色之美，而适宜并优雅的行为之美又胜于状貌之美。美中之最上者就是图画所不能表现、初睹所不能见及者。

●人们的举止应当像他们的衣服，不可太紧或过于讲究，应当宽舒一点，以便于工作和运动。

●要追求真理、认识真理，更要依赖真理，这是人性中的最高品德。

●有些老人显得很可爱，因为他们的作风优雅而美。……而尽管有的年轻人具有美貌，却由于缺乏优美的修养而不配得到赞美。

图书在版编目（CIP）数据

培根/李若虹编著. —北京:中国社会出版社,2013.3

（世界名人非常之路）

ISBN 978－7－5087－4360－8

Ⅰ.①培… Ⅱ.①李… Ⅲ.①培根,F.(1561～1626)－生平事迹 Ⅳ.①B561.21

中国版本图书馆 CIP 数据核字(2013)第 036299 号

书　　名：培　根

编 著 者：李若虹

策　　划：侯　钰

责任编辑：侯　钰

出版发行：中国社会出版社　　邮政编码：100032

通联方式：北京市西城区二龙路甲 33 号

编 辑 部：(010)66080360

邮 购 部：(010)66081078

销 售 部：(010)66080300　　(010)66085300　　传真：(010)66051713

　　　　　(010)66083600　　(010)66080880　　传真：(010)66080880

网　　址：www.shcbs.com.cn

经　　销：各地新华书店

印刷装订：北京业和印务有限公司

开　　本：170mm×240mm 1/16

印　　张：13

字　　数：200 千字

版　　次：2013 年 7 月第 1 版

印　　次：2013 年 7 月第 1 次印刷

定　　价：26.00 元